Laura Kaiser | Christoph Schaarschmidt

BALTIKUM

Litauen · Lettland · Estland

60 TIPPS ABSEITS der ausgetretenen PFADE

360° medien

IMPRESSUM
Baltikum
60 Tipps abseits der ausgetretenen Pfade
Laura Kaiser | Christoph Schaarschmidt

Nachtigallenweg 1 | 40822 Mettmann
info@360grad-medien.de | 360grad-medien.de

Redaktion und Lektorat: 360° medien

Satz und Layout: Marc Alberti

Gedruckt und gebunden:
Schleunungdruck GmbH | Eltertstraße 27 | 97828 Marktheidenfeld
www.schleunung.com

Bildnachweis: siehe Seite 296
Sicherheitshinweis: siehe Seite 296

ISBN: 978-3-96855-308-5
Hergestellt in Deutschland

360grad-medien.de

Laura Kaiser | Christoph Schaarschmidt

BALTIKUM

Litauen · Lettland · Estland

60 TIPPS ABSEITS der ausgetretenen PFADE

360° medien

VORWORT

Man traut sich kaum, es zu schreiben: Dass es im Herzen Europas, an der Ostsee, drei Länder gibt, die noch nicht überlaufen sind. Wo man noch mit dem Camper am Meer stehen und über dem Lagerfeuer kochen kann – wild, einsam und ganz legal, versteht sich. Wo jeder Reisende seinen eigenen Lieblingssee zum Paddeln finden kann. Wo kreativ gestaltete Museen auf Besucher und herzhafte Nationalgerichte auf Testesser warten. Wo die Wälder voller Pilze und Beeren stehen und manchmal ein Bär hindurchstreift. Die Rede ist von Litauen, Lettland und Estland.

Es ist paradox – die heimische Ostseeküste zählt zu den beliebtesten Reisezielen der Deutschen, doch die 4400 Kilometer lange Küste des Baltikums besuchen im Vergleich nur wenige. Und das, obwohl inzwischen rund 30 Jahre vergangen sind, seit die ehemaligen Sowjetrepubliken ihre Unabhängigkeit feiern konnten. Noch immer fühlt man sich als Tourist im Baltikum ein bisschen wie ein Entdecker, vor allem, wenn man die Großstädte und Kurbäder verlässt. Nur wenige Orte im Baltikum sind wirklich massentouristisch geprägt. Die ganze Region ist quasi noch ein Geheimtipp, auch wenn langsam mehr und mehr Deutsche kommen.

Deshalb finden sich in den 60 Kapiteln zu Recht beliebte Sehenswürdigkeiten ebenso wieder wie kleine Liebenswürdigkeiten und Lieblingsorte der Einheimischen, die mehr Fans verdient haben. Das Ergebnis: Eine handverlesene Auswahl von der mittelalterlichen, für ihre Türme berühmten Altstadt von Tallinn in Estland über das Schnapsmuseum in Daugavpils in Lettland und die nahe gelegene Aussicht vom 10-Lats-Schein bis zu den Dünen auf der Kurischen Nehrung in Litauen, von denen schon Thomas Mann schwärmte.

Wir, die Autorin und der Fotograf, waren 2014 bei unserer Ostseeumrundung zunächst recht unbedarft ins Baltikum gestolpert. Mit seinen Stränden, den ewigen Wäldern, den gastfreundlichen Menschen und den zahlreichen Kulturdenkmälern hat es sich indes schnell einen Platz in unserem Reiseherz erobert. Mit dem Plan für dieses Buch im Hinterkopf und mit der Erfahrung, die wir zwischenzeitlich in den kanadischen Rocky Mountains und mit dem Reiseführer für diese Region sammeln konnten, folgte eine Recherchereise in die abgelegeneren Gegenden: in urige Holzhütten an einsamen Waldwegen, in sandige Fledermaushöhlen und in endlose Moorlandschaften, wo wir ohne Holzweg wohl heute noch festsäßen.

Wir stellten fest: Ein bisschen sieht es jenseits der Küste aus wie in Kanada – nur ohne Berge. Mit Elchen und Bären ist selbst die Tierwelt vergleichbar. Die deftige Küche mit ihren gefüllten Klößen, viel Speck und in Knoblauch geröstetem Roggenbrot, die wechselvolle Geschichte und die diverse Kultur sprechen aber im besten Sinne für drei einzigartige Länder. Wer sich auf diese Erfahrung einlassen will, der findet in diesem Buch 60 Tipps aus Kultur und Natur, Wandern und Flanieren, Geschichte und Zukunft. Eine Auswahl, die nicht leicht sein konnte, aber auf einem Grundsatz beruht: Da würden wir jederzeit wieder hinfahren!

Laura Kaiser & Christoph Schaarschmidt

INHALTSVERZEICHNIS

Hinweise: Aus Gründen der besseren Lesbarkeit wird auf eine geschlechtsneutrale Differenzierung verzichtet. Entsprechende Begriffe gelten im Sinne der Gleichbehandlung grundsätzlich für alle Geschlechter. Die verkürzte Sprachform beinhaltet keine Wertung.

WILLKOMMEN IM BALTIKUM!

„Da wollen wir auch mal hin!“ Das hört man über das Baltikum immer häufiger. EU-Beitritt und Euro haben das Reisen nach Litauen, Lettland und Estland erheblich vereinfacht. Die Hauptstädte – das kreative Vilnius, das hanseatische Riga und das mittelalterliche Tallinn – locken Kurzurlauber und Kreuzfahrer an. Doch es lohnt sich, auch das Hinterland zu besuchen.

Von Zaren zu Van-Fahrern

Als Erholungsregion spielt das Baltikum schon lange eine Rolle: Vor allem am Meer oder wo Heilquellen sprudeln, entstanden im 19. Jahrhundert Sanatorien und Seebäder, die auch den Adel anlockten – bis hin zu den Zaren.

Campingglück mit Grillofen an der Ostsee

Zur Jahrhundertwende zog es dann deutsche Künstler ins Baltikum, etwa zur Künstlerkolonie in Nidden. Darunter waren „Brücke“-Maler wie Karl Schmidt-Rottluff und Max Pechstein, der darüber schrieb: „Ich sog mich voll Licht und Farbe in der von den Menschen nicht verdorbenen Natur.“ Thomas Mann gefiel das heutige Nida so gut, dass er sich ein Sommerhaus bauen ließ.

Nach dem Zweiten Weltkrieg fiel das Baltikum hinter den Eisernen Vorhang, es kamen vor allem sowjetische Touristen. Seit der Unabhängigkeit wächst der internationale Tourismus wieder. Estland zum Beispiel verdoppelte von 2004 bis 2019 die Zahl seiner Gäste. Vor der Pandemie verbuchten alle drei Länder Besucherrekorde. Eine gute Ausstattung mit Campingplätzen macht das

Baltikum auch für Selbstfahrer attraktiv. Der Traum vom Plätzchen am Wasser lockt nun erfahrene Wohnmobilreisende ebenso wie junge Vanlifer an.

Skandinavien des Ostens

Geografisch gehört das Baltikum zu Nordeuropa. Litauens südlichster Zipfel liegt auf 53 Grad nördlicher Breite, der nördlichste Punkt auf 59 Grad nördlicher Breite. Etwa auf dem gleichen Breitengrad befindet sich die Mündung des Hardangerfjords in Norwegen.

Das Klima ist kühl-gemäßigt, mit eher milden Sommern und kalten, schneereichen Wintern. Als gute Reisezeit kann man Mai bis September empfehlen, wobei im Frühjahr und Herbst mit frostigen Nächten gerechnet werden muss. Den Winter sollten Fans von Langlauf, Sauna und Weihnachtsmärkten in Betracht ziehen.

Wälder und wilde Tiere

Die Landschaft ist von Flüssen, Feldern und Wäldern geprägt, im Osten liegen tausende kleine Seen sowie der riesige Peipus-See. Ringsum wächst vor allem immergrüner, borealer Nadelwald. Das Gelände ist flach oder hügelig. Bäche und Flüsse schlängeln sich in Urstromtälern hindurch, Nemunas (Memel) und Daugava (Düna) sind die wasserreichsten. Die Küste hat Abschnitte mit langen Sandstränden sowie steinige und steile Kliffs.

Neben den in Mitteleuropa üblichen wilden Tieren leben im Baltikum Bären, Wölfe und Elche, die man nur mit Glück sieht. Dank der Lage an der Vogelflugroute ist es aber keine Seltenheit, große Schwärme an Wasservögeln oder Greifvögel zu beobachten.

Wikinger und Ritter

„Der Nachbar ist einem näher als Verwandte“, sagt ein litauisches Sprichwort. Wer die Länder in einen Topf wirft, tut ihnen unrecht. Aber neben der Leidenschaft für Sauna und Singen (siehe Kurioses) teilen sie auch historische Kapitel.

Das Baltikum wurde nach der letzten Eiszeit besiedelt. Über die Esten in vorchristlicher Zeit ist bekannt, dass sie als Bauern und

Bernsteinsammler lebten und Wälder als heilige Orte verehrten. Slawen, Ostgermanen und Wikinger erreichten im ersten Jahrtausend das Baltikum, die Wikinger auf Saaremaa sollen besonders erfolgreich gewesen sein. Während der Norden von finn-ugrischen Stämmen bewohnt war, teilten sich baltische Stämme in etwa das Gebiet Litauens und Lettlands.

Im Mittelalter eroberte der Deutsche Orden Lettland und Estland und christianisierte die Bevölkerung. Aus dieser Zeit stammen die Bischofssitze, wie auch Riga einer war. Stadtrecht und Mitgliedschaft in der Hanse sorgten für blühenden Handel und Wohlstand. Die Macht des Ordens wurde jedoch zunehmend infrage gestellt.

Die letzten Heiden Europas

Litauen hatte sich der Eroberung und Christianisierung länger widersetzt: Erst im 14. Jahrhundert übernahmen die Herrscher diesen Glauben, das Volk hielt am heidnischen Naturglauben bis ins 15. Jahrhundert fest. König Mindaugas hatte mit vereinter Kraft 1236 den Orden besiegt. Die Großfürsten Gediminas und Vytautas schufen danach ein Großfürstentum von der Ostsee bis ans Schwarze Meer. 1385 vereinigte es sich mit Polen. Ende des 16. Jahrhunderts kamen Livland und Südestland dazu.

Gutsherren und Bauern

Im 18. Jahrhundert sorgte der Nordische Krieg für neue Besitzverhältnisse: Das Polnisch-Litauische Königreich zerfiel und so gelangte fast das ganze Baltikum in russische Hand. Die deutschen und polnischen Gutsherren behielten jedoch ihre Macht: Erst im 19. Jahrhundert wurden die Bauern befreit. Kultur, Presse und der Nationalgedanke profitierten. Aufstände gegen das Zarenreich wurden in Litauen hart bestraft, während sich Estland und Lettland dem Einfluss wegen einer Hungerkrise fügten.

Freiheit und Besetzung

1915 besetzten die Deutschen Litauen und das lettische Kurland, was die Bevölkerung in die Selbstverwaltung trieb. Das Ende des Zarenreichs machte den Weg frei: 1918 erklärten sich alle drei Länder unabhängig. Die Demokratie zog ein - aber nicht für lange.

Hitler und Stalin besiegelten das Schicksal des Baltikums 1939 im Nichtangriffspakt und im Sommer 1940 übernahm die Sowjetunion die Macht. Doch bis 1941 rückte die deutsche Wehrmacht wieder vor. Bis zu 300.000 Juden wurden ermordet. Die Rote Armee eroberte 1944 das Gebiet zurück und machte aus Estland, Lettland und Litauen Sozialistische Sowjetrepubliken. Widerständige wurden festgenommen, deportiert oder ermordet.

Die Kraft der Lieder

Start der Menschenkette in Vilnius

Die eigene Kultur spielte eine Hauptrolle beim erneuten Kampf um die Unabhängigkeit: Weil Volkslieder verboten waren, wurde bei den Demonstrationen ab 1988 viel gesungen. Höhepunkt der „Singenden Revolution“ war der 23. August 1989, als zwei Millionen Menschen sich von Nordestland bis Südlitauen die Hände reichten – über 600 Kilometer hinweg! – und bis spät in die Nacht Lieder sangen. Das Ereignis ging als „Baltic Way“ in die Geschichte ein und gab den Ländern den Mut, sich 1990 unabhängig zu erklären. Die Anerkennung durch die Sowjetunion (allerdings nicht unblutig!) folgte 1991. 2004 waren alle drei Mitglieder der NATO und der EU geworden.

Neue Freunde

Wer im Baltikum unterwegs ist, wird auf gastfreundliche und hilfsbereite Menschen treffen, auch über Sprachgrenzen hinweg. Manche Ältere haben noch Deutsch gelernt, die Jugend spricht oft Englisch. Gleichwohl ist man gut beraten, ein paar Worte in der Landessprache zu sprechen. „Ein freundliches Auge findet Freunde“, lautet ein Sprichwort aus Estland – und es stimmt für alle drei Länder.

TOP 10

DER SEHENSWÜRDIGKEITEN IM BALTIKUM

„An der Ostsee fragt sich gerade ein Strand, warum ich nicht da bin." Die Chance, dass dieser Lieblingsstrand im Baltikum liegt, ist aufgrund der schieren Länge der Küste von Litauen über Lettland nach Estland ziemlich groß. Doch auch im Landesinneren wimmelt es von Orten, die einen nicht mehr loslassen.

---

1 **Baden unter Blauer Flagge:** Von Einsamkeit in der Natur bis Shoppingmeile im Seebad: An den Küsten im Baltikum findet jeder, was er sucht. Die sogenannten Sommerhauptstädte sind Palanga in Litauen, Liepāja (siehe Tipp 40), Ventspils und Jūrmala in Lettland sowie Pärnu in Estland. Über einigen Stränden weht die Blaue Flagge, die Sauberkeit, Sicherheit, Ausstattung mit Toiletten und Trinkwasser anzeigt. Umweltschutzaktionen und Nachhaltigkeit sind weitere Kriterien des Award-Programms der dänischen Stiftung für Umweltbildung, die die Einhaltung jede Saison überprüft. 2025 wurde das Gütezeichen für die litauischen Strände auf der Kurischen Nehrung in Nida, Preila, Juodkrante und in Palanga vergeben. In Lettland wehte die Flagge in Liepāja, Ventspils, am Campingplatz „Abragciems" bei Engure, an zwei Rigaer Stränden und in Saulkrasti, in Estland im Talliner Vorort Pirita.

2 **Von Klaipėda auf die Kurische Nehrung:** Die hohen Dünen, die für Wüstenfeeling in Nordeuropa sorgen, der Duft der Kiefernwälder, die Fischerhäuser und überhaupt diese schmale Halbinsel, die dem Meer trotzt: Die Kurische Nehrung ist eine einmalige Landschaft in Europa (siehe Tipp 15). Der Legende nach entstand sie, weil die Riesin Neringa die Fischer vor dem wilden Meer schützen wollte und einen Damm aus Sand aufschüttete. Der Gelehrte Wilhelm von Humboldt schwärmte 1809: „Die Kurische Nehrung ist so merkwürdig, dass man sie eigentlich ebenso gut als Spanien und Italien gesehen haben muss, wenn einem nicht ein wunderbares Bild in der Seele fehlen soll." Das Tor zur Kurischen Nehrung ist die Hafenstadt Klaipėda. Sie war bis zum Zweiten Weltkrieg deutsch geprägt, woran Fachwerkhäuser, Pflasterstraßen und der Theaterplatz mit der Statue des „Ännchens von Tharau" erinnern. Die Gassen in der Altstadt und die Promenade am Fluss Danė laden zum Schlendern ein. Speicherhäuser sorgen für maritimes Flair.

3 **Das barocke und das freche Vilnius:** „Jeder Mensch hat das Recht, am Fluss Vilnia zu leben", lautet eine Regel in der Verfassung von Užupis, einem Stadtteil von Vilnius, der sich als Künstler-Republik in den 1990er-Jahren neu erfand. Die Vilnia trennt den kreativen Stadtteil von der Altstadt. An ihrem Ufer lässt es sich ausruhen, nachdem man einen der Hügel bestiegen und sich die roten Dächer und unzähligen Kirchtürme von Vilnius von oben angesehen hat. Die vielen Museen sowie Entdeckungstouren in die jüdische Vergangenheit und die künstlerische Gegenwart (siehe Tipps 5 bis 7) verlangen einen mehrtägigen Besuch. Danach will man gerne an die Vilnia ziehen.

4 **Der einzigartige Berg der Kreuze:** Anfang der 1990er-Jahre haben Studierende der Universität Vilnius bei 50.000 aufgehört zu zählen, heute geht man vom 4-fachen aus: Die Zahl der Kreuze auf dem kleinen Hügel bei Šiauliai ist überwältigend. Aber eigentlich geht es an diesem Ort im Norden Litauens nicht um ihre Anzahl, sondern um die Hoffnung, die an ihnen hängt, und um die Geschichte des Ortes, die ihn zum Widerstandssymbol werden ließ (siehe Tipp 13).

5 **Das hanseatische und das neue Riga:** Mittelalterliche Wohnhäuser, Prachtbauwerke aus rotem Backstein wie in vielen Ostseebädern, Jugendstil wie in Wien: Rigas Altstadt ist wie ein Best of Europe (siehe Tipp 32). Seit sie 2014 Kulturhauptstadt war, wird auch das andere Ufer der Daugava interessant. Von dort leuchtet seither das sogenannte Lichtschloss über den Fluss – ein wellenförmiger Bau des lettischen Architekten Gunārs Birkerts. Darin untergebracht wurde die Nationalbibliothek des Landes, die auch Besuchern zugänglich ist. Flussaufwärts wurde das kleine Kalnciema-Viertel herausgeputzt, in dem Holzhäuser aus dem 19. Jahrhundert stehen, und wo jeden Samstag ein Bauern- und Kunsthandwerksmarkt abgehalten wird.

6 **Zu Fuß und Wasser im Gauja-Nationalpark:** Bewaldete Hügel, dazwischen ein dunkler Fluss: So sieht es im Nationalpark Gauja nordöstlich von Riga aus, wenn man auf einem Aussichtspunkt steht. Von einem Boot in der Gauja erblickt man zudem sandige Ufer und rote Sandsteinfelsen (siehe Tipps 30 und 31). Dazu gibt es mit Sigulda und Cēsis zwei Kleinstädte als Ausgangspunkte für alle, die Geschichte, Kultur oder Abenteuer suchen. Beide haben mittelalterliche Burgen und neue Schlösser, die erkundet werden können. Sigulda entwickelt sich außerdem zum Adrenalin-Zentrum mit Abenteuerparks, Zipline, Bobbahn, Riesenrad und vielen anderen Aktivitäten für Sportbegeisterte und Familien.

7 **Das Versailles des Baltikums - Schloss Rundāle:** Schlösser und Landgüter gibt es unzählige im Baltikum. Viele sehen aus, als wären sie einem Märchen entsprungen. Eines der überwältigendsten ist ohne Zweifel das Schloss Rundāle im Süden Lettlands, erbaut nach französischem Vorbild und eines der bedeutendsten Architekturdenkmäler des Barock und Rokoko des Landes (siehe Tipp 35). Die Ausstellungen im Schloss, der Park und der Rosengarten sind bereits Touristenlieblinge. Dem Ruf dürfte zuträglich sein, dass die Fernsehserie „Sisi" in Rundāle gedreht wurde (und übrigens auch in Vilnius und Riga).

8 **Das mittelalterliche und moderne Tallinn:** 1154 wurde sie das erste Mal urkundlich erwähnt: Die estnische Hauptstadt ist tatsächlich eine alte Stadt. Den Stadtkern bestimmen der Domberg und die von Türmen übersäte Altstadt (siehe Tipp 53). Außerdem ist Tallinn eine Stadt am Meer, wovon die lange Promenade zwischen Fähr- und Jachthafen ein Liedchen singen kann. Und es ist eine moderne Stadt, wie die neuen Hotspots westlich vom Fährhafen zeigen: Dort liegt im ehemaligen Fischerdorf Kalamaja das neue Quartier am Noblessner-Hafen, das ans Hamburger Hafenviertel erinnert und mit Galerien, Restaurants und der Proto-Entdeckungsfabrik auch Touristen anspricht. Am südlichen Rand von Kalamaja, am Bahnhof, wurde ein ehemaliges Industriegelände zum Kreativcampus Telliskivi umgebaut. Bars, Street-Art und das Fotokunstzentrum sind dort zu finden.

9 **Der vielfältige Lahemaa-Nationalpark:** Keine Baltikum-Reise ist komplett ohne einen Besuch im Moor. Die weiten Ebenen aus dicken Moos- und Torfschichten, unterbrochen von scheinbar endlos tiefen Wasserlöchern, muss man gesehen haben. Der Lahemaa-Nationalpark im Norden Estlands bietet eine Gelegenheit dazu. Zugleich kann man in dem Park, der nur eine Stunde Fahrt von Tallinn entfernt liegt, Gutshäuser, Fischerdörfer und alte Wälder besichtigen, riesige Findlinge bestaunen, Vögel beobachten und im Meer baden (siehe Tipps 51 und 52). 2020 wurde er in die Sustainable Top 100 gewählt – eine internationale Auswahl nachhaltiger, erfolgreicher Tourismuskonzepte.

10

Die estnischen Inseln: Was fühlt sich mehr nach Sommerurlaub an als eine Insel in der Ostsee, umgeben von Sand und Wellen? Wenn Ihre Antwort „Nichts!" lautet, fahren Sie nach Estland. Das hat mehr als 2000 Inseln. Die meisten sind unbewohnt, aber die größeren relativ schnell per Fähre zu erreichen. Kiefernwälder, Wacholderbüsche, Landwirtschaft sowie hier und da Findlinge und Mühlen bestimmen das Aussehen der beiden größten Inseln, Saaremaa und Hiiumaa (siehe Tipps 57 bis 59). Während erstere mit ihrem Kurbad Kuressaare (Arensburg) mehr Kultur- und Wellnessangebote hat, geht es auf Hiiumaa wilder zu. Noch ruhiger ist das vorgelagerte Vormsi, wo nur 350 Menschen leben. Doppelt so viele sind es auf Kihnu, das für seine Folklore, insbesondere die roten Trachten, bekannt ist.

KURIOSES & BESONDERHEITEN

IM BALTIKUM

Einsamkeit und Trubel: Alle drei Länder gehören nach Skandinavien zu den am wenigsten bevölkerten in Europa. Während in Deutschland 240 Menschen auf einem Quadratkilometer leben, sind es in Estland nur 32! Das bedeutet: Viel mehr Platz, viel Natur und viel Ruhe für alle, die sie suchen. 1,4 Millionen Einwohner hat Estland, 1,9 Millionen Lettland und 2,9 Millionen Litauen – und damit rund eine Million weniger als Berlin. Mehr als ein Viertel der Balten lebt in den Hauptstädten Vilnius, Riga und Tallinn. Alle drei Altstädte stehen auf der Liste des UNESCO-Weltkulturerbes, was zusätzlich für Touristenströme sorgt. Von den Metropolen ist es aber immer nur ein kurzer Weg in die Natur.

Sauna mit Hut: Vor allem am Samstagabend gehört das Saunieren einfach dazu. Während die Litauer die Sauna nicht so heiß (etwa 60 Grad Celsius), aber sehr feucht lieben, darf es in Lettland schon einige Grad wärmer sein. Auf den Kopf gehört trotz Hitze ein Filzhut. Im lettischen Latgale und in Südestland setzt man sich in Rauchsaunen: Die werden ohne Schornstein gebaut, weshalb sie zunächst beim Holzverbrennen voller Rauch sind. Ist das Feuer aus, wird stoßgelüftet – erst dann beginnt der Saunagang. Überall verbreitet ist der Brauch, sich dabei mit einem nassen Bündel aus Birkenzweigen zu schlagen, um die Durchblutung anzuregen.

Liederfeste: Das Singen von Volksliedern ist eine weitere Gemeinsamkeit der baltischen Länder. Die Tradition der Liederfeste, wo Zehntausende zusammen singen und tanzen, reicht bis ins 19. Jahrhundert zurück und erfreut sich erstaunlicher Lebendigkeit. Alle vier Jahre findet eines in Vilnius statt, alle fünf Jahre in Estland und Lettland. Chöre, darunter viele Amateurgruppen, treffen sich, um traditionelle und moderne Weisen anzustimmen. Die „Singende Revolution“, die in der Unabhängigkeit gipfelte, fachte die Leidenschaft fürs Singen an, die sich auch in Chorwettbewerben und -castingshows zeigt.

Pisten statt Autobahnen: Mit dem Auto (oder dem Fahrrad) ist man im Baltikum am flexibelsten. Man muss aber damit rechnen, dass nicht alle Straßen asphaltiert sind. Zwischen Dörfern oder zu entlegenen Sehenswürdigkeiten und Stränden fährt man oft über Feld- und Waldwege. Meistens sind sie in einem ordentlichen Zustand, eine Waschbrettpiste ist aber meistens dabei. Landstraßen sind in der Regel gut ausgebaut, Autobahnen mit mehreren Fahrspuren sucht man aber vergebens. Eine Ausnahme ist die A1 in Litauen von Vilnius nach Klaipeda. Da die Distanzen nicht so groß sind, tut das dem Vorwärtskommen keinen Abbruch.

Zelten im Wald: Wandern, über dem offenen Feuer kochen und anschließend in den Schlafsack kriechen? In den baltischen Wäldern ist das legal möglich. Die Forstbehörden haben Rast- und Zeltplätze angelegt, die mit Feuerstellen und Trockentoiletten ausgerüstet sind und die man kostenlos nutzen darf. In Estland ist auch das Freistehen auf Parkplätzen erlaubt. Vor allem das RMK, das estnische Waldmanagementzentrum, macht einen hervorragenden Job und rüstet die Plätze teilweise sogar mit schicken Grillhütten aus. Entsprechend pfleglich sollte man sie behandeln. Alle Forstbehörden bitten darum, keine Spuren zu hinterlassen und die Litauer erinnern an ihr Sprichwort: „Raschle nicht lauter als der Wald."

Was der Wald hergibt: Nicht nur die Möglichkeiten zum Freiübernachten erinnern an das skandinavische Jedermannsrecht: Auch das Sammeln von Beeren und Pilzen in den Wäldern ist in Litauen, Lettland und Estland erlaubt. Auf dem oft moosigen Waldboden gedeihen Blaubeeren, über sandigem Untergrund Pfifferlinge und in den Feuchtgebieten Moosbeeren. Zur Reifezeit ist entsprechend viel los, aber es ist mehr als genug da. „Wenn es im Wald keine Pilze und Beeren gäbe, müssten die Frauen nackt herumlaufen", lautet ein litauisches Sprichwort. Damit das nicht passiert, kann man ihnen am Straßenrand das gesammelte Gut und manchmal auch Honig abkaufen.

Liebe zum Brot: Insgesamt ist die baltische Küche eher deftig: Gefüllte Klöße, Speck und Kohlgerichte sowie Rote-Beete-Suppe (erstaunlich erfrischend!) stehen auf den Menüs. Einfache, gute Zutaten weiß man zu schätzen. „Schwarzes Brot bedeutet nicht Mangel und grobe Kleidung nicht Nacktheit", besagt ein lettisches Sprichwort. Das dunkle, weiche Roggenbrot kommt nicht nur frisch auf den Tisch, sondern auch als mit Knoblauch frittierter, süchtigmachender Snack. Die baltische Variante der Pommes heißt „Česnakas kepta duona" in Litauen, „ķiploku grauzdiņi" in Lettland und „küüslauguleib" in Estland. Es gibt ihn als Vorspeise mit Käsesoße oder eingepackt im Supermarkt.

Empfang auch in der Pampa: Reisen im Baltikum ist einfach – auch weil es nahezu überall Empfang zum Surfen auf dem Smartphone gibt. Estland wirbt damit, Vorreiter im Bereich Digitalisierung zu sein. Tatsächlich hat jede Gemeinde einen öffentlichen Internetzugang und Funklöcher sind so gut wie unbekannt. Auch in Litauen und Lettland ist der Empfang selbst in der Natur besser als in manchen Regionen Deutschlands. Das hilft, um mit GPS und Wander-App auf dem richtigen Weg zu bleiben.

FINNLAND
Bottnische See
Helsinki
Sankt
Petersburg
SCHWEDEN
Stockholm
Tallinn
RUSSLAND
ESTLAND
Ostsee
Riga
LETTLAND
LITAUEN
Vilnius
RUSSLAND
Minsk
WEISSRUSSLAND
Warschau
POLEN
Kiew
UKRAINE
Krakau

FINNLAND
Turku
Mariehamn
Helsinki
Finnischer Meerbusen
Tallinn
Rakvere
Narwa
Slanzy
Rapla
Paide
Haapsalu
Jogeva
ESTLAND
Ostsee
Kärla
Pärnu
Viljandi
Tartu
Pölwe
Pechory
Valga
RUSSLAND
Limbazi
Smiltene
Ventspils
Ostrov
Talsi
Saulkrasti
Gulbene
Balvi
Adazi
Kuldiga
Madona
Riga
Ogre
Saldus
Dobele
LETTLAND
Ludza
Liepaja
Bauska
Rezekne
Livani
Preili
Telsiai
Daugavpils
Klaipeda
Panevezys
LITAUEN
Nacha
Taurage
Kaunas
Kaliningrad
Marijampole
Vilnius
WEISSRUSSLAND
Alytus
Elblag
Suwalki
Minsk
Allenstein
Hrodna
POLEN

Im Osten Litauens

Sonnenuntergang im Dzūkija-Nationalpark

Im Osten Litauens

1. Kurort Druskininkai: Wellness im Wald
2. Im Dzukija-Nationalpark: Dörfer am Rand der Wildnis
3. Devil's Pit: Abstieg in das Loch des Teufels
4. Nationalpark Trakai: rote Türme und blaue Seen
5. Vilnius: Zeitreise durch die Altstadt
6. Vilnius: auf der Suche nach Street-Art
7. Vilnius und Paneriai: unterwegs auf jüdischen Spuren
8. Im Regionalpark Pavilniai: das romantische Vilnia-Tal am Stadtrand
9. Die Republik von Pavlov: in den Ruinen einer Utopie
10. Europos Parkas: Freiluftgalerie in der Mitte des Kontinents
11. Museum für Ethnokosmologie in Kulionys: dem Weltall so nah
12. Nationalpark Aukštaitija: Roadtrip zu Bienen, Mühlen und Bäumen

Dobele
Iecava
Koknese
Jekabpils
Livani
LETTLAND
Vabole
Pandelys
Rokiskis
Zarasai
Visaginas
Utena
Svencionys
Joniskis
Popishki
Radzyushy
Seskines Misko Parkas
Karoliniskiu Krastovaizdzio Draustinis
Neris
Bebru Sala
Vingis-Park
Vilnius (Wilna)
A3
A1
101
5219
Pavilniu Regioninis Parkas
Ariogala
Ukmerge
A2
Jonava
LITAUEN
A1
Sakiai
Kaunas
Kazlu Ruda
Elektrenai
Vilkaviskis
Prienai
Vilnius
Marijampole
Kalvarija
Alytus
Salcininkai
Yakhimishki
Lazdijai
Varena
Szypliszki
Suwalki
Berzniki
Paz'nyaki
WEISSRUSSLAND
Druskininkai
POLEN
Yuravichy
Padeyki
M6
Augustów
Lyasnaya-Rybnitsa St
Kazaki
Lyubary
1
2
2
3
4
5
5
5
6
6
6
6
7
7
8
9
10
10
11
12

1. Kurort Druskininkai: Wellness im Wald

Im Süden des Landes lockt das Kurbad schon seit dem 19. Jahrhundert mit seinen Heilquellen Gäste an. Heute finden auch Familien dank Skihalle und Aquapark ein breites Angebot vor. Wer auf der Suche nach Natur ist, wird aber auch nicht enttäuscht.

Neben sozialistischer Bäderarchitektur stehen traditionelle Holzhäuser in der Kleinstadt.

Druskininkai ist ein typisches Urlaubsstädtchen: Fußgängerpromenaden laden zum Flanieren ein, prächtige und manche aus der Zeit gefallene Kurhotels säumen die Straßen und das Ufer des Nemunas (Memel). Wer auf Action steht, besucht das Upside-Down-Haus oder fährt mit der Seilbahn über die Memel zum Indoor-Skihang. Abends leuchtet die Fontäne im Druskonis-See. Frische Luft und alte Kiefernwälder gehören neben der salzigen Mineralquelle zu den natürlichen Highlights der Stadt. Wer darauf seinen Fokus setzt, steuert den Dineika-Wellnesspark oder das Museum Girios Aidas („Das Echo des Waldes") an.

Der öffentliche Park im Süden der Kleinstadt hat eine rund 100-jährige Tradition für Kuranwendungen, die man ihm aufgrund umfangreicher Modernisierungen nicht ansieht. Schon damals wurden Kaskaden im Ratnyčia-Fluss angelegt, von denen sich die Kurgäste massieren ließen, zudem nutzten sie die Wiesen für Fitnessübungen und zum Sonnenbaden – alles nackt, wie man liest. Nach dem Zweiten Weltkrieg entwickelte Karolis Dineika – Sportlehrer und Gründer des litauischen Turn- und Sportverbandes – den Park unter den Leitlinien Heilgymnastik und Klimatherapie weiter. Solarien, Pools für Fußreflexzonenmassagen und ein Pavillon für Aerohydro-Ionentherapie gehörten zur Ausstattung.

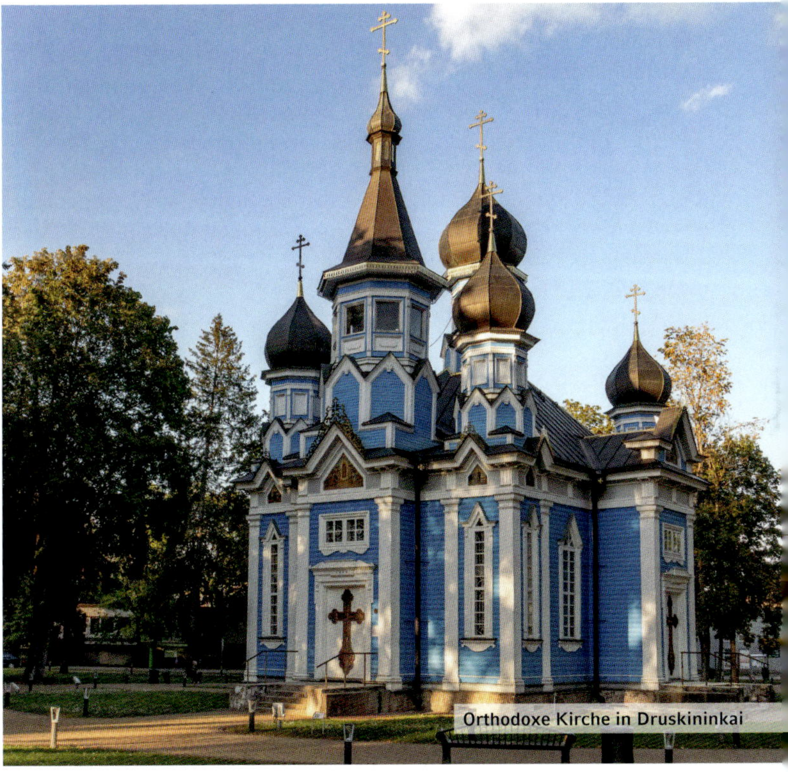

Orthodoxe Kirche in Druskininkai

Spaziergang im Dineika-Wellnesspark

Dem zunehmenden Verfall wurde 2015 ein Ende bereitet. Heute findet man schön angelegte Waldwege vor, Ballsportplätze, Fitnessgeräte und einen Trimm-Dich-Pfad, einen Spielplatz, einen Rosengarten sowie einen Pavillon für Veranstaltungen. Holzterrassen im schattigen Kiefernwald laden zum Meditieren und zum Yoga ein. Nicht zuletzt wurde ein schlichtes, aber schickes Badehaus über dem Flüsschen errichtet, das Sauna, die berühmten Kaskadenbäder und Aerohydro-Ionentherapie vereint – ein Raum, in dem die Luft mit negativen Ionen angereichert wird.

Der zweite grüne Verweilort am Ortsausgang ist das Waldmuseum. Wer es zwischen den Bäumen erblickt, fühlt sich wie im Märchen: Geschnitzte Sagengestalten bewachen das Eingangstor und die

Das Waldmuseum „Girios Aidas"

Treppe, Hirsche schauen vom Dach herab. Ähnlich märchenhaft geht es im Gelände hinter dem Museum weiter, wo man beim Spazieren auf ein historisches Holzhaus und weitere Schnitzereien trifft. Rund 40 Künstler haben seit dem ersten Kunst-Open-Air-Treffen 1976 an der Freiluftgalerie mitgewirkt und Tiere, Fantasiewesen und Menschen aus Eichenstämmen herausgearbeitet.

Im Museumsgebäude gibt es als Nichtmuttersprachler nicht all zu viel zu lesen, aber vieles zu sehen: alte Werkzeuge von Forstarbeitern, Dioramen der heimischen Tierwelt sowie ein Video zu den Vogelarten und -rufen der Region. Die Liebe zur Schnitzkunst findet sich auch im Inneren in vielen Details und an einem enormen Baumstamm wieder, der sich über die drei Etagen streckt. Vor allem, wenn man den nahen Dzukija-Nationalpark besichtigen will, lohnt sich der Besuch zur Einstimmung.

INFO

Lage:

- Dineika Wellnesspark: Sausoji gatve 1, Druskininkai 66165
- Waldmuseum Girios Aidas, M. K. Čiurlionio gatve 116, Druskininkai 66161

Websites:

- *druskininkai.lt/de/karolis-dineika-wellness-park/* (mit Video aus dem Badehaus)
- *druskininkai.lt/de/Freizeit/informationszentrum-girios-aidas*

Unterkunft:

- Druskininkai Kempingas: ordentlicher Campingplatz mit Picknicktischen und kleiner Camperküche, 40 Plätze mit Wasser und Strom, zudem Vermietung von zehn Wohnwagen, Gardino st. 3 A, Druskininkai 66204, *druskininkai.lt/de/Unterkunft/campingplatz-druskininkai*

Hinweis: Der Grutas Park in der Nähe von Druskininkai bekommt in diesem Buch keine Empfehlung. Zwar sind die Denkmäler und die Ausstellungen sehenswert, jedoch werden auf dem Gelände auch Tiere in wenig zeitgemäßen Käfigen gehalten.

2. Im Dzukija-Nationalpark: Dörfer am Rand der Wildnis

Moore, Wälder und sich hindurch schlängelnde Flüsschen – das macht die Region an der weißrussischen Grenze aus. Wer traditionelle Dörfer, Wandern und Naturcamping zu schätzen weiß, ist hier richtig.

Wer Marcinkonys erreicht, fühlt sich ein bisschen wie am Ende der Welt. Kein Wunder: Südlich des Dorfes erstreckt sich Wildnis bis nach Weißrussland. Zugleich ist man im Herzen des Dzukija-Nationalparks angekommen. 1991 wurde das Gebiet in der Größe des Bodensees unter Schutz gestellt. 30 Flüsse und 48 Seen sowie Feuchtgebiete durchziehen den Kiefernwald. Was wie sanfte Hügel wirkt, sind Binnendünen, deren Sand sich unter den Kiefernadeln versteckt.

Alte Dörfer mit ursprünglicher Architektur haben im Nationalpark überlebt.

Das Ethnografische Museum, die traditionelle Imkerei und Gehöfte aus dem 18. Jahrhundert gehören zu den kulturellen Sehenswürdigkeiten. Aktive Urlauber finden fünf Fahrrad- und zwei Kanurouten sowie vier Wanderwege vor. Karten und Hinweise zur Ausleihe gibt es in den modernen Besucherzentren des Nationalparks in Marcinkonys und Merkinė (oft in Englisch).

Die Holzkirche und die Kapellen im Kirchhof liegen am Rundweg um Marcinkonys.

Zu den Highlights gehört die vielfältige Rundwanderung, die hinter dem Nationalparkzentrum in Marcinkonys beginnt: die „Zackagiris Sightseeing Route“, die mit einem schrägen roten Strich gekennzeichnet ist. 13,8 Kilometer ist die Runde um das 600-Einwohner-Dorf lang, etwa nach der Hälfte lässt sie sich abkürzen. Im Uhrzeigersinn führt der Waldweg zum Grūda-Flüsschen, an der sehenswerten Kirche und alten Holzhäuschen vorbei zu einer Wanderdüne, über blühende Wiesen und vorbei an Hochmooren und Biberdämmen.

Wer es noch wilder mag, kann dem Čepkeliai-Naturreservat an der weißrussischen Grenze einen Besuch abstatten. Auerhühner, Kraniche, Wölfe, Luchse und rund 4000 weitere Tier- und Pflanzenarten nennen das seit 1975 geschützte Gebiet ihr Zuhause. Weitgehend

Blick in das Wildnisgebiet

ohne menschlichen Eingriff geblieben, darf es sich seit 2011 Wildnis nennen. Den Status hat ihm die European Wilderness Society verliehen. Ein 1,5 Kilometer langer, neu angelegter Lehrpfad führt über die Binnendünen, zum Hochmoor und einem sehenswerten Aussichtsturm. Vom 1. März bis 1. August ist er nur bei Führungen zugänglich (siehe Infokasten).

Wer auf der Suche nach einfachen Zeltplätzen ist, wird am See östlich des Bahnhofs oder an der Grūda, an der Straße nach Merkinė, fündig. Auf einer Schotterstraße sind weitere Plätze an den Flüssen Ūla und Merkys erreichbar. Dort gibt es Picknicktische, Feuerstellen und Trockentoiletten, die leider aber nicht immer benutzbar sind.

Merkinė im Norden des Parks war bis zur Zerstörung im Krieg mit Russland im 17. Jahrhundert eines der bedeutendsten Städtchens in Litauen, u. a. wegen der zwei Klöster. Ein Besuch heute lohnt sich vor allem wegen dem Befestigungshügel, wo einst ein Schloss stand und von dem aus man einen herrlichen Blick auf den Zusammenfluss von Merkys und Nemunas (Memel) hat.

Merkinės „piliakalnis", der Schlosshügel

Spirituell-religiöse Menschen pilgern heutzutage hierher, um einen mystischen Ort südlich bei Česukai zu besuchen. Nachdem dem Initiator ein Wunder passiert sein soll, ist dort seit 2002 ein kleiner Park entstanden. Im Zentrum steht eine geodätische Kuppel mit einer Pyramide zum Beten und Meditieren.

Kurioser Ort: die Pyramide von Merkinė

INFO

Lage: Merkinė liegt rund 30 Kilometer nordöstlich, Marcinkonys rund 44 Kilometer östlich von Druskininkai. Besucherzentren: Vilniaus gatve 3, Merkinė 65334 und Miškininkų gatve 61, Marcinkonys 65302

Websites:

- Infos und Karte des Parks: *saugoma.lt/de/gebiete/nationalpark-dzukija*
- Orte und Unterkünfte: *varenavisit.lt/en*
- Pyramide: *merkinespiramide.lt/de/start*

Hinweis: Für den Nationalpark ist ein günstiges Tagesticket Pflicht. Kostenpflichtige Führungen durch Čepkeliai finden dienstags bis samstags dreimal täglich statt. Anmeldung im Besucherzentrum des Dzūkija-Nationalparks (Tel. +370 672 46388, E-Mail: *info@dzukijosparkas.lt*). Vom 1. August bis 1. März ist der teilweise barrierefreie Lehrpfad auf eigene Faust nutzbar (nicht während der Dämmerung).

Unterkünfte: einfache Naturcampingplätze, ideal für autarke Camper, im Nationalparkplan zu finden; viele Ferienhütten; Gasthaus des Nationalparks in Marcinkonys: Zimmer im Jugendherbergsstil mit Einzel-, Doppel- und Doppelstockbetten, Tel. +370 672 44346

3. Devil's Pit: Abstieg in das Loch des Teufels

Ähnlich wie der Meteoritenkrater auf der estnischen Insel Saaremaa sieht „Velnio Duobe" bei Aukštadvaris aus. Doch mit der „Grube des Teufels" hat es etwas anderes auf sich.

Aus der Luft wird die kreisrunde Form sichtbar.

Der Devil's Pit, die Teufelsgrube, gehört definitiv zu den schrägsten Sehenswürdigkeiten Litauens. Die Besichtigung dauert nicht lange, aber als Ort zahlreicher litauischer Legenden und als geologisches Rätsel ist sie ziemlich einmalig und somit einen Zwischenstopp wert.

Wenn sich im dichten Wald bei Aukštadvaris auf einmal die Bäume lichten und sich ein tiefes Loch vor einem auftut, versteht man schnell, warum es zur Legendenbildung beigetragen hat. Die Teufelsgrube ist 40 Meter tief, kreisrund und hat an der Oberfläche einen Durchmesser von 200 Metern. Solche trichterförmigen Gruben soll es in Litauen zahlreiche geben, doch das ist die tiefste. Während der Rand mit Bäumen bestanden ist, ist der Grund flach und frei von größeren Gewächsen. Der Boden ist sumpfig und bis zum festen Untergrund geht es nochmal zehn Meter in die Tiefe.

Wie die Teufelsgrube entstanden ist, ist immer noch nicht klar. Ein Meteoriteneinschlag scheint – wenn man das Pendant auf Saaremaa vor Augen hat – plausibel aber er konnte noch nicht nachgewiesen werden. Andere Theorien beschäftigen sich mit dem Ende der letzten Eiszeit. Könnte ein Eisbrocken in der Erde gesteckt haben, der beim Abschmelzen das Loch zurückließ? Oder hat ein gigantischer Wasserfall, der vom Gletscherrand herabschoss, die Senke ausgespült?

Die Škilietai-Seen liegen nur einen kurzen Spaziergang entfernt.

Steil sind die Wände der trichterförmigen Grube.

Im Reich der Legenden sind die Erklärungen andere: Viele drehen sich um „unsittliches" Verhalten, das eine Strafe Gottes nach sich zog. Ob nun ein Mann eine verheiratete Frau ehelichen wollte oder ein Priester sich mit einem Mädchen vergnügte – das Resultat war stets, dass Menschen und Kirche im Erdboden versanken. Nun sollen nachts die Teufel in der Grube feiern, was ihr den Namen verlieh.

Aber auch tagsüber soll der Ort eine mystische Energie verströmen: Angeblich soll die Grube Wachstumsanomalien an Bäumen verursachen und Energiefelder verändern. Zumindest verbraucht man beim Spaziergang etwas Energie. Vom Parkplatz aus, wo es Infotafeln über den Regionalpark, Bänke und eine Trockentoilette gibt, ist es nur ein kurzer Weg bis zum Rand der Grube zu einer Aussichtsplattform. Dort beginnt ein kurzer Rundweg, der im Uhrzeigersinn gemächlich in die Tiefe führt und auf einer Treppe wieder hinaus. Wem die 500 Meter zu kurz sind, der kann der Forststraße weitere 500 Meter zu den Škilietai-Seen folgen.

Es ist auch möglich, eine Wanderung oder Fahrradtour von 25 Kilometern Länge daraus zu machen und das ganze Naturschutzgebiet Mergiškės zu erkunden, von Aukštadvaris bis zur Teufelsgrube. In der Gegend sollen bereits seit 4000 Jahren Menschen leben, wovon heute noch Hügelgräber zeugen. Sie gehören wie die Teufelsgrube zu den Sehenswürdigkeiten des Regionalparks Aukštadvaris. Ein schöner Anlaufpunkt im Park zum Baden, Picknicken oder Campen ist der große Nava-Stausee gleich südlich der Kleinstadt.

INFO

Lage: rund 34 Kilometer westlich von Trakai, 40 Kilometer östlich von Birštonas, GPS: 54.611918, 24.514252

Websites:

- Teufelsgrube: *saugoma.lt/de/objekte/objekte-teufelsgrube*
- Region: *trakai-visit.lt*

Hinweise:

- Radtour zum Devil's Pit: Im Zentrum von Aukštadvaris rechts bzw. links abbiegen auf die Technikumo gatve (Ausschilderung: Semeliškės). Nach 750 Metern links abbiegen (braunes Schild: Velnio Duobe), nach 3,3 Kilometern ist die Teufelsgrube erreicht.
- Karte für den insgesamt 25 Kilometer langen Rundweg, genannt „Mergiškiai Ring", auf: *saugoma.lt/en/objects/objects-mergiskiai-ring*

Unterkünfte:

- Resort by Nava Lake: Holzferienhütten und Campingplatz für Zelte und Wohnmobile am Nava-See bei Aukštadvaris, mit Sauna, SUP-Verleih und Badestelle: *harmoningaspoilsis.prieezero.lt*

4. Nationalpark Trakai: rote Türme und blaue Seen

Die Wasserburg gehört zu den bekanntesten Sehenswürdigkeiten Litauens. Mit Trubel muss man bei einem Besuch rechnen. Es gibt aber auch ruhigere Orte in dem historischen Nationalpark.

Sie ist eines der bekanntesten Fotomotive Litauens: Die Inselburg von Trakai mit ihren roten Backsteinmauern und drei Türmen, eingerahmt von Schilf, Bäumen und dem blauen Wasser des Galvė-Sees. Sie ist das Herzstück des Nationalparks von Trakai, dem

Abends wird es ruhiger um das berühmte Gemäuer.

einzigen historischen Nationalparks Europas. Um sie zu besuchen, lässt man das Auto auf einem der Parkplätze (meist gegen Gebühr) zurück und schlendert zum Ufer, wo an der Promenade Souvenir- und Imbissstände auf Kundschaft warten. Über Holzbrücken gelangt man zur Burg.

Die Großfürsten Kęstutis und sein Sohn Vytautas hatten den Palast und die Wehranlagen im 14. und 15. Jahrhundert zur Verteidigung errichten lassen. Nach dem Sieg der Litauer und Polen über die Kreuzritter des Deutschen Ordens 1410 wurde Trakai Hauptstadt, die Anlage im gotischen Stil diente als Residenz. Was wir heute sehen, ist das Ergebnis aufwendiger Restaurationsarbeiten im

20. Jahrhundert. Denn die Zeit und den Krieg mit dem Zarenreich im 17. Jahrhundert hatten nur Ruinen überdauert. Wer mag, kann die Burg umrunden und sich vorstellen, wie die mächtigen Mauern auf die Kreuzritter gewirkt haben. Durch das Torhaus geht es hinein.

In den Räumen ist seit 1962 das Historische Museum untergebracht, das die Geschichte des Wiederaufbaus, der Region und ihrer Bedeutung für Litauen erzählt. In den Kasematten werden Möbel, Porzellan, Uhren, Jagdtrophäen und andere historische (Alltags-)Gegenstände gezeigt. Die Sammlung umfasst rund 290.000 Exponate, sodass ständig Wechselausstellungen zu sehen sind. Voraussichtlich bis 2027 wird die Burg abschnittsweise restauriert, sodass manche Ausstellungsräume zwischenzeitlich nicht zugänglich sind. Danach soll der barrierefreie Zugang erleichtert sein.

Wer den Trubel hinter sich lassen will, kann am Ufer und durch die Altstadt spazieren. Von der Burg kommend links die Uferpromenade entlang gelangt man nach rund 400 Metern, vorbei an Restaurants und Bootsausleihen, zu den Überresten der Halbinsel-Burg aus dem 14. Jahrhundert, die um einen kleinen Hügel verstreut sind. Im Laufe der Zeit diente sie u. a. als Gefängnis, Dominikanerkloster und Sitz der Gestapo. Heute beherbergt die Kapelle eine Ausstellung zur Sakralkunst.

Dem Uferweg kann man in dieser Richtung noch zu zwei schönen Holzbrücken folgen. Auch in der anderen Richtung lässt sich gut mit Blick auf den Galvė-See spazieren.

Im Ort lohnt es sich die parallel zum Ufer verlaufende Karaimų gatve entlang zu schlendern. Die teils farbenfrohen Holzhäuser sind Zeugen der ungewöhnlichen Geschichte der Stadt: Vytautas hatte 300 Familien der Karäer von der Krim nach Trakai umgesiedelt, wo sie als seine Leibgarde dienten. Heute leben noch um die 60 Nachfahren. In der Hausnummer 22 ist das Schapschal-Karäermuseum untergebracht - für alle, die mehr über das turkstämmige Volk wissen wollen.

Der Nationalpark um die Burg lässt sich mit dem Boot oder Fahrrad erkunden.

Auch der Nationalpark rings um die Stadt ist sehenswert. Der Galvė-See ist einer der größten von über 200 in der Region. Wer ihn nicht mit Boot oder Paddelboard erkunden will, kann ihn mit dem Fahrrad beinahe umrunden: von der Altstadt am Westufer entlang bis zum Landgut Užutrakis und zurück (rund 13 Kilometer). Wem nach Baden zumute ist, der findet an der Straße am Westufer auch Parkplätze, um die Strände am Akmenasee zu erreichen.

INFO

Lage: Die Kleinstadt Trakai und die Wasserburg liegen rund 30 Kilometer westlich von Vilnius; Trakai 21142; GPS der Burg: 54.652137, 24.933386

Websites:

- *trakai-visit.lt/de*
- Museum in der Burg: *trakaimuziejus.lt/en*

Unterkunft:

- Ferienanlage Slėnis: 88 Stellplätze, saniertes Bad, zudem Zimmer- und Bungalowvermietung, vom Strand tolle Sicht auf die Burg; Slėnio g. 1, Trakai 21102, *slenistrakuose.lt*

5. Vilnius: Zeitreise durch die Altstadt

Abhängig davon, wo man die Hauptstadt betritt, werden einem zuerst die vielen Wohnblöcke aus Sowjetzeiten auffallen. Im Zentrum liegt ein modernes Hochhausviertel – und eine Altstadt, die sich in Europa sehen lassen kann und jährlich rund eine Million Touristen aus dem Ausland anzieht.

Wer von oben auf Vilnius schaut – und da es eine hügelige Stadt ist, mangelt es nicht an Aussichtspunkten – wird Turm um Turm entdecken. Allein all die Kirchen zu besichtigen, wäre eine Aufgabe für mehrere Tage. Eine Reihe von Sehenswürdigkeiten liegt aber nah beieinander in der Altstadt, die man gemütlich bei einem Stadtspaziergang erkunden kann. So bleibt Zeit für die zahlreichen Cafés und grünen Parks der Hauptstadt.

Zum Herz der Altstadt geht es durch das „Tor der Morgenröte". Trotz des romantischen Namens diente das Stadttor aus dem 16. Jahrhundert zunächst zur Verteidigung, wovon die Schießscharten auf der Außenseite zeugen. Außen martialisch, aber innen offenherzig mit großen Fenstern und goldenen Verzierungen wirkt das Tor – insbesondere, wenn der Gesang der morgendlichen Messe auf die Gasse dringt. Die Kapelle stammt aus dem 19. Jahrhundert – ihre hölzerne Vorgängerin war abgebrannt. Darin hängt ein Madonnengemälde aus der Renaissance, das mit vergoldetem Silber überzogen wurde und das mehrere Wunder bewirkt haben soll.

Das Tor der Morgenröte

Kathedrale und Glockenturm bilden das Herz der Altstadt.

Vom Tor geht es eine Gasse hinab gerade aus Richtung Rathausplatz an der Didžioji-Straße, wo neben zahlreichen Cafés auch die Treppen am Alten Rathaus zum Verweilen einladen. Das klassizistische Gebäude aus dem 18. Jahrhundert beherbergt heute vor allem Kulturveranstaltungen, Ausstellungen und die Touristeninformation.

Dem Platz und der Didžioji gatve weiter folgend gelangen wir geradeaus zur Pilies-Straße – der im Sommer sehr quirligen zentralen Fußgängerzone in der Altstadt mit zahlreichen Souvenirverkäufern und Restaurants. Sehenswert ist sie für ihren Architekturmix aus Gotik, Renaissance und Barock. Sie führt geradewegs zum weiß leuchtenden Kathedralenplatz.

Wo heute die große Basilika der heiligen Stanislaw und Wladislaw steht, gab es zuvor einen heidnischen Kultplatz und eine gotische Kirche. Bedeutende litauische Herrscher wurden dort gekrönt und in den Krypten darunter beerdigt. In ihrer heutigen klassizistischen Gestalt wurde sie von Laurynas Stuoka-Gucevičius entworfen und 1801 eröffnet. Im Inneren der heute katholischen Kirche sind noch zwei Kapellen aus dem 17. Jahrhundert erhalten geblieben. 1993 war Papst Johannes Paul II. zu Besuch.

Die Wunderfliese

Der 52 Meter hohe Glockenturm steht separat auf dem Platz davor. Er ist älter und geht auf eine Verteidigungsanlage aus dem Mittelalter zurück, auch wenn er seine heutige Gestalt erst im 19. Jahrhundert bekam. Besucher können darin eine Ausstellung über die Glocken und das Uhrwerk ansehen sowie von oben den Blick über die Kathedrale und in die Stadt genießen. Neben dem Turm ist eine einzige, bunte Fliese auf dem Platz zu finden: „Stebuklas“ (Wunder) steht darauf und wer sich um sie dreht, dem soll eins geschehen. Sie erinnert an die Menschenkette, mit der die baltischen Bewohner 1989 für ihre Unabhängigkeit von der Sowjetunion demonstrierten.

Das gotische Ensemble

Vom Kathedralenplatz geht der Blick unweigerlich in die Pracht- und Shopping-Straße von Vilnius: dem Gediminas-Prospekt, der zum Parlament führt. Neben Behörden und Banken sind entlang der Flaniermeile viele Läden und Imbisse zu finden. In entgegengesetzter Richtung, an der Kathedrale vorbei, geht der Weg zum Gediminas-Turm los, einer der besten Aussichtspunkte über der Stadt. Der Ausblick ist bereits vom Hügel sehenswert. Der Aufstieg im Turm lohnt sich aber auch wegen des Museums darin, das zum Nationalmuseum gehört und sich der Geschichte von Vilnius während des Großfürstentums widmet. Zu sehen sind Modelle der nur noch teilweise erhaltenen Burganlagen, Artefakte aus dem Mittelalter und eine virtuelle Zeitreise.

Zurück vom Hügel folgt man der Maironio-Straße, um zur Anna- und zur Bernhardinerkirche zu gelangen. Zusammen mit dem ehemaligen Kloster sind sie als gotisches Ensemble bekannt und beeindrucken mit ihren detailreichen Backsteinfassaden und Fresken aus dem 15. Jahrhundert. Hinter den Kirchen erstreckt sich hinab bis zum Flüsschen Vilnia der Bernhardinergarten mit Teichen, Springbrunnen, Schachtischen und Bänken, einem Spielplatz und einer öffentlichen, aber nicht kostenlosen Toilette – der perfekte Ort für eine Ruhepause.

Blick vom Gediminas-Turm auf die Hochhäuser

Nach einem Tag in Vilnius weiß man: Die Plattenbauten gehören zu dieser Stadt wie die Prachtstraßen, die schmalen Gassen, an die sich niedrige Häuschen ducken, ebenso wie die Türme und Wolkenkratzer. Vilnius ist eine Melange seiner Epochen, die erstaunlich gut harmonieren – ebenso wie seine Bewohner, vom Hipster bis zum Mütterchen mit Kopftuch.

INFO

Lage: Diese Highlights liegen alle in der Altstadt in einem Umkreis von ca. einem Kilometer um den Rathausplatz (Didžioji g. 31, Vilnius 01128), vom Tor der Morgenröte (Aušros Vartų g. 14, Aušros Vartų g. 14, Vilnius 01304), bis zum Burgturm von Gediminas (Arsenalo g. 5, Vilnius 01143).

Websites:
- *govilnius.lt*
- Tor der Morgenröte: *ausrosvartai.lt* (auf litauisch)
- Nationalmuseum: *lnm.lt/en*

Hinweise: Es gibt einen Vilnius Pass für 1, 2 oder 3 Tage, bei dem die Besichtigung mancher Sehenswürdigkeiten inklusive oder günstiger ist; *govilnius.lt/visit-vilnius/get-vilnius-pass*

Unterkünfte: Die Altstadt ist voll mit kleinen Appartementhäusern und einigen größeren Hotels.
- Hotel Vilnia: in guter Lage zwischen Bernhardine Garten und Kathedralenplatz; Maironio g. 1,Vilnius 01124, *hotelvilnia.lt*

6. VILNIUS: AUF DER SUCHE NACH STREET-ART

Vilnius ist mindestens seit dem Fall des Eisernen Vorhangs wieder ein Anziehungspunkt für Künstler und Künstlerinnen. Street-Art ist längst nicht mehr nur auf Užupis beschränkt.

In Bahnhofsnähe: ein Werk der Brasilianer Os Gemeos

Wer mit offenen Augen durch Vilnius spaziert, wird an allen Ecken Kunst entdecken. Street-Art hat in dem Land, in dem Graffiti zu Sowjetzeiten verboten war, eine besondere Bedeutung und wurde von der Hauptstadt in den 2010er-Jahren mit einem jährlichen Festival gewürdigt. Dabei entstanden Murals von internationalen Künstlern, die heute noch zu sehen sind. Wer vom Bahnhof die Pylimo gatve Richtung Markthalle hinabgeht, erblickt zum Beispiel die typische Figur des Künstlerduos „Os Gêmeos" von 2015, die ihren litauischen Großvater trägt. Die Macher sind Zwillinge und gelten als bedeutendste Street-Art-Künstler Brasiliens. Die Graffiti in dieser Straße wurden kurzzeitig berühmt, weil ein Bild einen

Kuss zwischen Trump und Putin eine Wand zierte, das inzwischen entfernt wurde. Gleich die Straße runter gegenüber der Markthalle gibt es aber ein weiteres sehenswertes Beispiel: „Freedom2" vom italienischen Künstler Millo, auch von 2015. Sein Werk bedeckt eine ganze Häuserwand und symbolisiert den Aufbruch nach der Unabhängigkeit – die Freiheit, den Häuserblöcken zu entfliehen.

Der Geist dieser Zeit weht auch 30 Jahre später noch durch Užupis, das alternative Künstlerviertel der Stadt – vergleichbar mit der Neustadt in Dresden. Hier wie dort siedelten sich nach 1990 Studenten und Künstler an, da die Mieten in den renovierungsbedürftigen Altbauten günstig waren (und in Vilnius die Kunstakademie in der Nähe lag). Inzwischen ist Užupis so hip, dass Galerien und schicke Boutiquen herziehen. Sich dort von Kunst überraschen lassen, geht aber immer noch! Los geht es direkt beim „Grenzübertritt" in die Republik Užupis auf der gleichnamigen Brücke. Unter dieser wohnt nämlich eine Meerjungfrau in einer Nische, mitunter hängen Bilder an den Kanalwänden oder Schaukeln über dem Fluss. Weiter geht es am Café auf der linken Straßenseite vorbei an der Vilnia entlang. Man weiß nie,

Bei der Markthalle: ein Original des Italieners Millo

„Sie verlassen die Republik Užupis"

was man am Ufer entdeckt, da Skulpturen oder selbst gebaute Möbel kommen und gehen. Der Weg endet am Tibet-Platz. Wer nun nach rechts geht, kommt am Engel von Užupis vorbei, der 2002 in Erinnerung an den Schutzpatron des Viertels aufgestellt wurde. Geradeaus an der Paupio gatve hängt die Verfassung der Republik in über 50 Sprachen, die für ihre liebenswerten Gesetze bekannt ist, zum Beispiel: „Eine Katze ist nicht verpflichtet, ihren Hausherrn zu lieben, aber in schweren Momenten muss sie ihm beistehen."

Gegenüber der Republik in der Altstadt findet sich in einer Gasse Street-Art ganz anderen Stils: An den Mauern in der Literatų gatve hängen über 200 Miniatur-Kunstwerke zu Ehren von Schriftstellern, die einen Bezug zu Vilnius haben. Angefertigt wurden sie seit 2009 von lokalen Künstlern aus Glas, Keramik, Metall oder Holz. Plaketten gibt es zum Beispiel für Fjodor Dostojewski, Günter Grass, Herta Müller, Jean-Paul Sartre und Simone de Beauvoir. Das wohl spannendste Projekt für Street-Art-Fans befindet sich

Kunst am Fluss Vilnia

einen Kilometer östlich vom Bahnhof in einem post-industriellen Komplex: In einem Innenhof zwischen Werkstätten, Bürogebäuden und leerstehenden Fabriken haben einheimische und europäische Künstler großformatige Bilder und Skulpturen erschaffen. Bei einem Spaziergang durch das Gelände kann man 44 extrem unterschiedliche Werke entdecken, von optischen Illusionen wie der „Palanga Bridge" zu Lichtinstallationen. Die „Open Gallery" wächst jedes Jahr. Wie der Name schon sagt, steht sie immer und jedem offen.

Graffiti und Installationen machen aus einem Hinterhof die Open Gallery.

INFO

Lage: in Bahnhofsnähe, in der Altstadt und in Užupis, z. B. Wand von Millo, Pylimo g. 56, Vilnius 01136; Meerjungfrau, Užupio g. 2, Vilnius 01200; Miniaturen in der Literatų gatve, Vilnius 01125; Open Gallery, Panerių g. 37, Vilnius 03209

Websites:

- Stadtplan mit Graffitikunstwerken: *govilnius.lt/publications-for-tourists*
- Open Gallery: *opengallery.lt/en*
- Literatų gatvė: *literatugatve.lt* (auf litauisch)

Unterkünfte:

- Artagonist: schickes Hotel mit Street-Art, Gemälden und Skulpturen an den Wänden; in der Altstadt neben der Literatų gatve; Pilies g., 34, Vilnius 01123, *artagonist.lt*
- Downtown Forest Hostel & Camping: Stellplätze, Doppel- und Mehrbettzimmer im Grünen, Paupio g. 31A, Vilnius 11341, *downtownforest.lt*

7. Vilnius und Paneriai: unterwegs auf jüdischen Spuren

Seit dem 16. Jahrhundert hatten viele Juden in der Hauptstadt gelebt. Einblicke in ihre Geschichte liefern historische Viertel, Museen und Gedenkstätten. Heute nennen wieder mehr als 3000 Juden Vilnius ihr Zuhause.

Es ist viel passiert, seit Vilnius das „Jerusalem des Nordens" war. Juden hatten ein ganzes Viertel bewohnt, Künstler, Philosophen und Rabbis wirkten in der Stadt, 135 Synagogen luden zum Gebet. Heute ist noch eine in Betrieb, viele wurden zerstört – auch die Große Synagoge aus dem 16. Jahrhundert. Im Holocaust hat Vilnius 90 Prozent seiner jüdischen Bevölkerung verloren. Erst seit den 1980ern wächst die Gemeinschaft wieder.

Im ehemals jüdischen Viertel erinnern Bilder an die Bewohner vor dem Holocaust.

Im Tolerance Center erzählen Ausstellungen u.a. aus dem Leben geretteter Kinder.

Wer mehr über das jüdische Leben vom Litauischen Großherzogtum bis heute erfahren will, sollte dem 2024 neu eröffneten Museum der Kultur und Identität der Litauischen Juden an der Pylimo gatvė einen Besuch abstatten. Untergebracht im ehemaligen jüdischen Gymnasium bringt es mittels Artefakten und interaktiven Elementen familienfreundlich das Leben im "Schtetl" näher und erinnert an berühmte Künstler, darunter den Maler Rafael Chwoles.

Ein weiterer namhafter jüdischer Künstler, sein Werk und seine Lebensgeschichte stehen im Samuel-Bak-Museum im Mittelpunkt, das nur rund 800 Meter entfernt liegt. 2017 wurde es im ehemaligen jüdischen Theater eröffnet. Bak wurde 1933 in Vilnius geboren und hatte als Neunjähriger seine erste Ausstellung - im Ghetto. In dem auch „Tolerance Center" genannten Haus gibt es eine weitere Dauerausstellung, die sich den vor dem Holocaust geretteten Kindern und ihren Helfern widmet. Bak gelang mit seiner Mutter die Flucht, sein Vater und seine Großeltern überlebten nicht. In seinen metaphorischen Gemälden spielen die Erinnerungen ans Ghetto und die Shoa eine große Rolle.

Vom Bak-Museum bietet sich ein Spaziergang auf jüdischen Spuren an, der einen abseits der üblichen Altstadtroute führt. 200 Meter bergab an der Pylimo gatve begann einst das Große Ghetto, in dem die Nazis 1941 bis 1943 rund 29.000 Menschen eingepfercht hatten. Über die Lydos gatve gegenüber oder eine Straße weiter rechts, die Žemaitijos (wo ein Ghetto-Museum folgen soll), Ašmenos und Mėsinių gatve, gelangen wir auf eine Boulevardstraße, die uns rechts zum Rathaus und zur Touristeninfo führt. Wir verlassen den Platz noch vor dem Brunnen wieder nach links in die Stiklių gatve.

Ein Denkmal für den Gaon von Vilnius

Dort betreten wir das Kleine Ghetto, wo bis 1941 etwa 11.000 Juden gelebt hatten. Heute wirkt es mit den niedrigen Häusern und einigen Kneipen geradezu idyllisch. Links, über die Žydų gatve, gelangen wir in einen Hinterhof, wo wir auf ein Denkmal für den Vilna Gaon stoßen, den Schriftgelehrten, der im 18. Jahrhundert Vilnius in der jüdischen Welt bekannt machte. Dahinter stand einst die Große Synagoge. Archäologen haben kürzlich Überreste entdeckt. Durch einen Durchgang erreichen wir wieder die Boulevardstraße Vokiečių gatve mit vielen Cafés.

An das „Massaker von Ponary“ (Paneriai) erinnern noch Gruben im Wald.

Wer sich mit dem Mord der deutschen Besetzer an den Litauer Juden auseinandersetzen will – und Erinnerung hilft bekanntlich das „Nie wieder!“ wach zu halten – sollte vor die Tore der Stadt zur Gedenkstätte von Paneriai fahren. Der Wald dort wurde zum Massengrab für bis zu 70.000 Menschen. Gruben in der Erde und ein kleines Museum berichten eindrücklich davon.

INFO

Lage: Die meisten Orte liegen in der Altstadt von Vilnius, das Tolerance Center und Samuel Bak Museum an der Naugarduko gatve 10/2, Vilnius 01309. Die Gedenkstätte Paneriai liegt 15 Kilometer vom Stadtzentrum entfernt an der Agrastų gatve 15A, Vilnius 02243.

Webseite: *jmuseum.lt/en*

Hinweis: Kostenlose Stadtpläne z. B. mit jüdischen Orten gibt es in der Touristeninfo, z. B. Pilies g. 2, Vilnius 01124.

Unterkunft:

- Vilnius City Camping: 80 einfache Stellplätze, Laisvės pr. 5, Vilnius 04215, *camping.lt/campings/vilnius-city*

8. Im Regionalpark Pavilniai: das romantische Vilnia-Tal am Stadtrand

Der Pavilniai-Regionalpark ist ein grüner Zufluchtsort in Vilnius. Eine restaurierte Mühle, ein Wasserfall und das Steilufer prägen den Flusslauf dort und lassen sich erwandern.

Die Sommerfrische der Hauptstadtbewohner: das Belmontas im Vilnia-Tal im Osten von Vilnius

Es dauert nur 15 Minuten, um mit dem Auto aus dem quirligen Zentrum von Vilnius ins ruhige Tal der Vilnia im Stadtteil Pūčkoriai zu fahren, der sich schon sehr ländlich anfühlt. Dort erwartet die Besucher ein gleichnamiger Lehrpfad und ein beliebtes Ausflugslokal. Eine Brauerei, ein rustikaler Pub mit regionaler Küche, zwei Outdoor-Cafés im Sommer, ein Spielplatz am Fluss sowie zahlreiche Räume für Feiern gehören zum weitläufigen Gelände des „Belmontas". An Sommerwochenenden kann es hier sehr voll werden – dann bietet sich ein Besuch eher unter der Woche an.

Die Eigentümer haben eine alte Mühle von 1838 restauriert, die bis Mitte des 20. Jahrhunderts in Betrieb war – und dann zunehmend verfiel. Heute dreht sich hier wieder ein großes Wasserrad. Die Wege entlang der Kanäle und Teiche laden zum Spazieren ein. Wer vom Parkplatz aus zwischen den Gebäuden hindurchgeht, findet gegenüber vom Wasserrad den Weg zu den Brücken am künstlichen Wasserfall der Vilnia, wo der Wassergraben für die Mühle abgezweigt wird. Am anderen Ufer beginnt der Lehrpfad.

Je nach Laune wählt man einen der Rundwege zwischen 2,8 und 5,3 Kilometer Länge. Die mittlere Variante ist 3,7 Kilometer lang und führt am Flussufer entlang, hinauf auf das Steilufer und zurück zum Belmontas. Zunächst folgt der Weg nach der Brücke linker Hand dem Fluss, vorbei an einer Streuobstwiese und zu einem Rastplatz unterhalb der steilen Klippe, dem sogenannten Pūčkoriai-Aufschluss. Als Aufschluss wird in der Geologie ein Gelände bezeichnet, in dem die Gesteinsschichten freiliegen. Mit 65 Meter Höhe und 260 Meter Breite ist hier der größte Aufschluss Litauens zu sehen, der 1974 zum Naturmonument ernannt wurde. Die Gletscher der letzten Eiszeit und die Erosion haben

Eine Mühle gehört zu den historischen und nun restaurierten Gebäuden im Gelände.

Schön angelegte Aussichtsplattformen geben den Blick ins Vilnia-Tal frei.

die einmalige Landschaft geformt. Die helle Steilwand erinnert ein wenig an die Kreidefelsen auf Rügen.

Weiter geht es auf dem Weg vorbei an den Ruinen einer Kanonengießerei aus dem 16. Jahrhundert. Kurz darauf wird aus dem Weg eine schmale Straße. An der ersten Kreuzung wählt man den Weg links über die Brücke, weiter nach rechts auf der Zufahrtsstraße und steigt dann links durch den Wald zum Aussichtspunkt über dem Steilufer auf. Die 2013 angelegten Terrassen bieten eine tolle Sicht über das Tal, alte Herrenhäuser und die Hügel des Regionalparks. Besonders sehenswert ist die Aussicht im Herbst, wenn die Blätter das Tal bunt färben. Durch den Wald gelangt man zurück zum Flussufer.

Wer wenig Zeit hat und Vilnius ohnehin nach Osten verlässt, kann sich die Aussicht auch ohne lange Wanderung anschauen. An der Straße 103, der S. Batoro gatve, liegt 700 Meter nach der Baltic-Petroleum-Tankstelle rechter Hand ein Parkplatz mit einem Imbiss. Von dort kann man in wenigen Minuten zu den Aussichtsterrassen über dem Steilufer aufsteigen. Alternativ kann man den Lehrpfad hier beginnen.

INFO

Lage: Wandergebiet rund sieben Kilometer östlich von der Altstadt von Vilnius, GPS: Parkplatz Belmontas 54.683708, 25.355654, Parkplatz am Aussichtspunkt 54.692807, 25.353921

Websites:

- Belmontas: Belmonto g. 17, Vilnius 11300, *belmontas.lt/main*
- Karte des Lehrpfads: *pavilniai-verkiai.lt/puckoriu-pazintinis-takas* (auf litauisch)

Hinweise:

- Der Aussichtspunkt an der Straße 103 ist barrierefrei auf einem Holzweg erreichbar, zum Lehrpfad geht es aber nur über Treppen.
- Kletterwald: *belmontonuotykiuparkas.lt/en*

Unterkünfte:

- Zum Ausflugslokal gehört ein Boutique-Hotel mit 24 Zimmern; *belmontas.lt/apgyvendinimas-en-gb*
- Übernachtung in Vilnius

9. Die Republik von Pavlov: in den Ruinen einer Utopie

Herrenhäuser, schick restauriert und vielmals in Privatbesitz, findet man im Baltikum viele. Dieses Gut im Osten Litauens wurde nie wieder aufgebaut, aber es hat eine einmalige Geschichte.

Merkinė, nicht zu verwechseln mit der Kleinstadt im Dzukija-Nationalpark, ist nur ein Dorf. Ein paar Häuser stehen weitab links und rechts der Straße, die über den Nachbarort Turgeliai Richtung Weißrussland führt. Nur elf Kilometer ist die Grenze entfernt. Landwirtschaft prägt die Landschaft. Dass hier ab und zu sogar Reisebusse halten, hat nur einen Grund: die Ruinen der Republik von Pavlov. Damit hat es die Ortschaft in den „Atlas Obscura" geschafft – eine Datenbank kaum bekannter, aber kurioser Orte dieser Welt.

Die letzten Zeugnisse einer untergegangenen Republik

Die Republik von Paulava oder Pavlov existierte von 1769 bis 1795 und hatte 800 Einwohner. Sie umfasste ein Gelände von rund 30 Quadratkilometern, eine Fläche halb so groß wie Manhattan. Das Großfürstentum Litauen erkannte das eigenständige Land sogar an. Heute sind nur noch die Ruinen des Herrenhauses und zweier Häuser sowie ein Turm übrig, der als einziger restauriert wurde.

„...deinem Beispiel folgen, um glücklich zu werden": Gedenkstein für Paweł Ksawery Brzostowski

Wer sich auf die Treppen des einst stolzen Palastes setzt oder durch die Löcher in den Mauern späht, erfährt nur wenig von der Geschichte des Ortes. Der Park ist gepflegt, neue Schilder erinnern an das einstige Aussehen der Gebäude. Doch das Gelände zu erkunden macht mit etwas Hintergrundwissen noch mehr Spaß – deshalb folgen die wichtigsten Daten.

Über das Gut Merkinė, seine Besitzer und Bauwerke vor den Jahren der Republik ist nichts bekannt. Die Geschichte beginnt mit dem Kauf durch Paweł Ksawery Brzostowski im Jahr 1769. Er war ein damals 30-jähriger Adliger und Autor und als katholischer Priester in Turgeliai tätig. Er übernahm, wie damals üblich, nicht

Im 20. Jahrhundert wurde das Gut zerstört.

nur das Land und die Bauernhöfe, sondern auch die Leibeigenen. Doch als neuer Eigentümer gewährte er den Menschen persönliche Freiheit und Möglichkeiten zur Mitbestimmung in einem Bauernparlament. Um 1770 ließ er den Palast erbauen, woran der italienische Architekt Carlo Spampani mitgewirkt haben soll. Dieser gilt als ein Pionier des Klassizismus in Litauen. Wo die dafür typischen Säulen standen, ist heute noch sichtbar.

Die sozialen Reformen Brzostowskis, der Präsident der Republik auf Lebenszeit war, gelten als radikal und fortschrittlich für das 18. Jahrhundert. Aus Frondienst machte er Lohnarbeit, was das Handwerk und den Handel zwischen den Bauern aufblühen ließ. Die selbstverwaltete Republik hatte eine Verfassung, ein Wappen, eine Währung, Wohlfahrtseinrichtungen, eine Armee, Polizei, Ärzte und eine Schule, die auch Frauen besuchen durften. Doch 1795 kam das progressive Projekt zum Ende. Wegen der Aufteilung des polnisch-litauischen Reichs und einer drohenden Besetzung durch Russland tauschte Brzostowski das Gut gegen Ländereien in Sachsen. Bis zu seinem Tod 1827 sollen für die Bewohner Merkinės einige Freiheitsrechte weiter gegolten haben. Zerstört wurden die Gebäude erst nach dem Zweiten Weltkrieg, vermutlich durch Brandstiftung. Seit 2012 ist das Gelände wieder zugänglich.

Wie prachtvoll der Palast einst war, lässt sich aus der Luft noch erahnen.

INFO

Lage: rund 40 Kilometer südöstlich von Vilnius an der weißrussischen Grenze; Straße 3937, Merkinė 17277

Websites:

- Reiseführer Michael Pretzsch hat ausführliche Infos, historische Bilder und Videos von heute gesammelt. *alles-ueber-litauen.de/ziele-in-litauen/paulava-republik*
- historische Aufnahmen aus der Zeit vor dem Zweiten Weltkrieg: *lt.wikipedia.org/wiki/Merkinės_dvaras_(Šalčininkai)*

Hinweis: Betreten der Ruinen auf eigene Gefahr!

Unterkunft:

- Ferienhof Vilkiškės: Bungalows und Blockhäuser, organisierte Kajak- und Reitausflüge, Sauna vorhanden; nur fünf Kilometer entfernt im Wald an der Merkys, Miško g. 4, Vilkiškės 17278, *sodybavilkiskes.lt/*

10. Europos Parkas: Freiluftgalerie in der Mitte des Kontinents

Wer Vilnius als typisch europäisch erlebt hat, wird nicht verwundert sein, den Mittelpunkt Europas eine halbe Stunde nördlich zu finden. Eine künstlerische Würdigung erfährt dieser Fakt in einem Skulpturenpark in der Nähe.

Ein Denkmal steht am geografischen Zentrum Europas.

Die Mitte der EU ist eine Sache, die Mitte Europas eine andere. Was wie eine simple geografische Aufgabe klingt, ist nicht so eindeutig. Je nach Berechnungsweise und Definition der Außengrenzen sind Kartografen und Geografen über die Jahre zu verschiedenen Ergebnissen gekommen: Suchowola in Polen, Eger in Tschechien, verschiedene Orte in Weißrussland und sogar Dresden. Ein wahrscheinlicher Kandidat liegt in der Nähe von Purnuškės in Litauen – er steht im Guinnessbuch der Rekorde.

26 Kilometer nördlich von Vilnius, zwischen der A14 Richtung Molėtai und einem Golfplatz, haben französische Wissenschaftler des Nationalen Instituts für Geografie 1989 den geografischen

Mittelpunkt des Kontinents festgemacht. Eine Stele mit goldenen Sternen und eine Windrose kennzeichnen seit 2004 die Stelle. Für Reisende ist es eine tolle Fotogelegenheit, im Zentrum Europas zu stehen. Wenn das Häuschen am Rand des Platzes besetzt ist, kann man sich zudem einen Stempel geben lassen, der den Besuch dokumentiert.

Für Fans moderner Kunst gibt es in 20 Minuten Entfernung zudem den Europos Parkas, den Europa-Park. Das ungewöhnliche Freiluftmuseum wurde 1993 von dem litauischen Bildhauer Gintaras Karosas eröffnet, der ein eigenes Monument für das Zentrum Europas beigesteuert hat. Insgesamt sind in dem Waldgrundstück mehr als 100 Skulpturen von Künstlern aus 33 Ländern zu sehen. Das 55 Hektar große Areal will durchwandert werden, will man auf alle einen Blick werfen. Man sollte also Zeit und ein Picknick mitbringen oder das Restaurant auf dem Gelände nutzen.

Auf den Lichtungen und auch mitten im Wald sind Skulpturen zu sehen – von filigranen Drahtkunstwerken zu mächtigen Stahl- und Steinmonumenten. Zu den berühmtesten Werken gehören „Chair/

„Liegende Frau" von Damien Moreau

Die „Trinkende Struktur" von Dennis Oppenheim

Pool" und „Drinking Structure with Exposed Kidney Pool" des 2011 verstorbenen US-Amerikaners Dennis Oppenheim, der nicht nur für gern verdrehte Skulpturen, sondern auch seine Performances bekannt wurde. Die Polin Magdalena Abakanowicz, die für ihre Bildhauerei mit zahlreichen Orden bedacht wurde, steuerte den „Raum des unbekannten Wachstums" aus 22 künstlichen Felsen bei. 2017 erst hinzugekommen ist „Midmien" das Werk des Irakers Sasson Soffer: zwei geschwungene Stahlfiguren, die nur aus einem Blickwinkel an Augen erinnern.

Die Europa-Skulptur von DeWitt Godfrey

„LNK Infobaum" des Parkgründers Gintaras Karosas

Zwar nagt an einigen Skulpturen der Zahn der Zeit, andere sind jedoch für die Ewigkeit ausgelegt. Wer sich auf die oft experimentellen oder abstrakten Werke einlassen kann, wird von einem Spaziergang durch das weitläufige Museum lange zehren. Wer aber nur vorbeischauen will, um die als größtes Kunstwerk der Welt vom Guinnessbuch der Rekorde ausgezeichnete Installation „LNK Infotree" des Gründers Gintaras Karosas zu sehen, wird enttäuscht. Von den ursprünglich 3000 Fernsehgeräten, die einen Baum bilden, steht nur noch ein Bruchteil.

INFO

Lage:

- Der Europa Park liegt 19 Kilometer nördlich von Vilnius bei Joneikiškės. (GPS: 54.82527, 25.35305).
- Der Mittelpunkt Europas (GPS: 54.90777, 25.32055) ist linker Hand der A14, rund 26 Kilometer nördlich von Vilnius zu finden.

Websites:

- *govilnius.lt/besuchen-sie-vilnius/orte/geographisches-zentrum-europas*
- *europosparkas.org/en/* (Englisch, mit interaktiver Karte)

Unterkunft:

- Obuolių sala (Apfelinsel): Campingplatz, Hütten und Tiny Houses am Grabuostas-See, bei Straße 2807, Salos g. 3, Žalvariai 33284, *appleisland.lt/?lang=en*

11. Museum für Ethnokosmologie in Kulionys: dem Weltall so nah

Im Seenland bei Molėtai dreht sich eine Ausstellung in einem spektakulären Gebäude um die Beziehung zwischen Menschheit und Kosmos. Einen Ausblick auf die Seen gibt es dazu.

Es ist ein merkwürdiger Anblick: Am Rand des Dorfes Kulionys thronen UFO-artige Plattformen auf zwei Türmen. Das kommt nicht von ungefähr, denn das Museum für Ethnokosmologie darin widmet sich der Beziehung von Mensch und Weltall und auch Außerirdischen. Das ist nicht so schräg, wie es klingt. In der Ausstellung

geht es vor allem um die Bedeutung des Sternenhimmels, seine Erforschung und die Raumfahrt. Neben technischen und kulturellen Aspekten stehen dabei auch philosophische Fragen im Fokus. Zum Beispiel: Wenn es Außerirdische gibt, warum besuchen sie uns dann nicht?

Das Museum begibt sich dabei auf die historischen Spuren der Beziehung zwischen Mensch und Kosmos: von den hölzernen Kalendern, die die Litauer früher zur Bestimmung der Jahreszeiten nutzten, über Gelehrte des Mittelalters zu den Raumfahrern von heute. Zu den Highlights unter den Ausstellungsstücken gehören Meteoriten, winzige Satelliten und ein Parabolspiegel, an dessen

Mensch und Weltall stehen im Fokus des modernen Museums im Labanoras-Regionalpark.

Vom Panoramadeck blickt man auf zahlreiche kleine und große Seen.

verzerrten Bildern nicht nur Kinder Spaß haben. Die Tour endet in 30 Metern Höhe, wo eine verglaste Plattform einen Rundumblick auf die Seenlandschaft ermöglicht. Zurück auf dem Boden wartet der Garten des Museums mit Steinkreis, Planetenmodellen und Sagengestalten aus dem Jahreskreislauf.

Das Museum ist nur im Rahmen von Führungen zugänglich, die in litauisch, russisch und englisch angeboten werden und etwa anderthalb Stunden dauern. Ob es künftig auch Führungen auf deutsch gibt, hängt laut Museum vom Zuspruch der Touristen ab. Eine Tour zu buchen (siehe Info), lohnt sich: Die Führer sind mitunter selbst Astronomen und bringen viel Leidenschaft mit, nicht nur für das Weltall. Auch unseren blauen Planeten wird man danach mit anderen Augen sehen.

Das Museumskonzept ist laut Tourismusagentur weltweit einzigartig. Dazu gehören regelmäßige Himmelsbeobachtungen (ebenfalls auf Englisch). Gäste können bei klarem Wetter mit zwei Teleskopen die Flecken und Protuberanzen der Sonne studieren. Die Teleskope nutzt nicht nur das Museum, sondern auch das staatliche Observatorium auf dem Gelände.

Es waren auch zwei Wissenschaftler des Observatoriums, die das Konzept der Ethnokosmologie entwickelt haben. Bevor das Museum 2009 eröffnet werden konnte, war es ein langer Weg. 1969 begann

Führer bringen das Thema lebendig nahe.

der Bau des Observatoriums in Kulionys, weil die Luft- und Lichtverschmutzung für die alte Einrichtung in Vilnius zu stark geworden war. 1978 wurde eine kleine Ausstellung über Litauens Bezug zum Weltall gezeigt. Für die Idee der Forscher war jedoch ein eigenes Gebäude notwendig. Es sollte dem Weltenbaum ähneln, der Himmel und Erde verbindet: in den Wurzeln die Ausstellung, in der Baumkrone das Teleskop. Doch mit der Unabhängigkeit Litauens 1990 mussten die Zuständigkeiten neu geklärt werden und das Bauwerk blieb unvollendet. Schließlich konnte es ab 2007 mit EU-Mitteln fertiggestellt werden. Die Ausstellung wird seither laufend erneuert.

INFO

Lage: Das Museum liegt rund 16 Kilometer nördlich von Molėtai an der Straße 2817 (Žvaigždžių Straße) im Dorf Kulionys, unweit der A14; GPS: 55.315096, 25.556104

Website:

- *etnokosmomuziejus.lt/en*

Hinweise:

- Touren werden in litauisch, russisch und englisch angeboten. Da die Teilnehmerzahl pro Tour begrenzt ist, wird um Anmeldung unter *info@etnokosmomuziejus.lt* gebeten.
- Einen weiteren grandiosen Ausblick auf die Seenlandschaft bietet der Aussichtsturm im Labanoras-Regionalpark, nur 17 Kilometer südlich bei Mindūnai.

Unterkünfte:

- Ferienhof Antalakaja: verschiedene Ferienhäuser; Antalakajos g. 30, Antalakaja 33204, *antalakaja.lt/en*
- Gehöft Šniūrai: am Siesartis-See mit Boots- und Hottub-Verleih, Campingplatz mit Ferienhäusern und Hütten; Šniūrai 33166, *sodyba-sniurai.lt/de*

12. NATIONALPARK AUKŠTAITIJA: ROADTRIP ZU BIENEN, MÜHLEN UND BÄUMEN

Seen machen 15 Prozent des ältesten Nationalparks des Landes aus – zum Baden und Kanufahren gibt es also mehr als genug Gelegenheiten. Historische Kulturdenkmäler und ein kreatives Museum über Bienen gehören zu den weiteren Sehenswürdigkeiten Oberlitauens.

Die Holzkirche in Palūšė soll angeblich nur mithilfe einer Axt erbaut worden sein.

Der beste Ausgangspunkt für einen Ausflug in den Nationalpark Aukštaitija ist das Dörfchen Palūšė am Lusiai-See. Hier befindet sich das Besucherzentrum und gleich oberhalb steht eine sehenswerte Holzkirche. Die Mitarbeiter im Infozentrum können Tipps und Karten zu Wanderwegen und Kanutouren geben. Die Kirche des Heiligen Joseph wurde 1747 bis 1757 vom Pfarrer Juozapas Baziliauskas mit eigenen Mitteln erbaut – mit einer Axt und Holzdübeln. Nicht zuletzt hat das Dörfchen Unterkünfte, eine Kneipe, wo ab und zu Bands spielen, und einen Strand. Wer sich die Füße vertreten will, findet am Strand den Beginn eines 3,5 Kilometer langen botanischen Lehrpfades.

Einen Tag sollte man für die Route und die drei folgenden Ausflugsziele einplanen. Wer mag, kann sie um abgelegene Dörfer erweitern, wie zum Beispiel Šuminai mit historischen Gebäuden und einer 300-jährigen Kiefer, Drehort des litauischen Robin-Hood-Films „Tadas Blinda".

Blockhaus mit Schilfdach in Šuminai

Zu den Highlights in Aukštaitija zählt das Historische Imkereimuseum in Stripeikiai, dem ältesten Dorf im Park. Es wurde 1984 in einem ehemaligen Gehöft eröffnet und bis 2019 liebevoll modernisiert. Allein das Spazierengehen im Gelände, die Schaukeln unter den Bäumen und das Summen der Bienen machen den Besuch zu einem Erlebnis. Die Ausstellung – verteilt auf mehrere Holzhäuschen – zeigt das Leben einer Imkerfamilie, die Herstellung von Bienenkästen, das Leben der Bienen, Honigpflanzen sowie litauische Sagengestalten wie den Bienengott Babilas. Viele Exponate sind auf

Das Bienenmuseum spricht alle Sinne an, zum Beispiel mit dem Duft der Kräuter.

In den Bienenkörben summt es.

Deutsch erklärt. Interaktive Elemente und Filme mit englischen Untertiteln vermitteln die Bienenzucht, die in der Region schon lange von großer Bedeutung ist: Das Dorf zahlte einst seinen Tribut an den Gutsbesitzer in Honig und Wachs.

Stripeikiai liegt rund 20 Kilometer nordwestlich von Palūšė – die Route führt von Palūšė zunächst Richtung Ignalina, aber noch vor der Kleinstand links ab Richtung Ginučiai. Die letzten Kilometer geht es über eine Schotterstraße. Ausgeschildert ist „Bitininkystės muziejus".

Zurück auf der Straße liegt das nächste Ziel in Ginučiai: die historische Wassermühle. Sie ist eine von sechs im Park, aber die einzige mit originaler und funktionstüchtiger Technik. Um die 200 Jahre alt, war die Mühle bis 1968 in Betrieb und wurde 1978 restauriert. Gelegentlich wird sie noch zum Mahlen verwendet. Bilder zu regionalen Sagen und historische Werkzeuge runden den kurzen Rundgang durch das technische Denkmal ab. Hinter dem Haus findet sich ein hübscher Fotospot und eine Gelegenheit, die Füße ins Wasser zu halten. Am Parkplatz gegenüber wartet ein Imbiss.

Alt, aber funktionstüchtig ist die Mühle in Ginučiai.

Von Ginučiai nach Süden, auf einer Landzunge zwischen den Seen Linkmenas und Ukojas, liegt der Ladakalnis. Der 176 Meter hohe Hügel bietet einen Ausblick über einen Teil der Seenlandschaft. Einst war der Berg eine heidnische Opferstätte für die

Göttin Lada. Heute steht auf seinem Gipfel eine beeindruckende Eiche, es gibt Sitzbänke und eine kleine Aussichtsplattform. Vom Parkplatz an der Straße sind es nur ein paar Minuten bergauf. Die Straße führt weiter auf die Straße 1433 (Ausschilderung: Šakarva) und nach 7,5 Kilometern auf die Straße 114, die uns links zurück nach Palūšė bringt.

Der Gipfel diente einst als Opferstätte, heute wächst hier eine Eiche.

INFO

Lage: Im Nordosten, 113 Kilometer nördlich von Vilnius und 60 Kilometer südlich von Zarasai an der lettischen Grenze.

- Besucherzentrum in Palūšė: Lūšių g. 16, Palūšė 30202
- Imkereimuseum: Ignalinos rajonas, Stripeikiai 30220
- Wassermühle: Ginučių 24, Ginučiai 30222
- Ladakalnis Parkplatz 2,5 Kilometer südlich von Ginučiai Richtung Antalksnė, GPS: 55.367009, 25.987498

Websites:

- Nationalpark: *aparkai.lt/de*
- Imkereimuseum: *biciumuziejus.lt*

Hinweise:

- Auf dem Gelände des Imkereimuseums leben Bienen, so der Hinweis des Museums an Bienengiftallergiker.
- Führungen durch das Gelände auf Anfrage unter Tel. +370 61299560 oder +370 68612105 oder *bites@aparkai.lt*

Unterkünfte:

- Palūšė Kempingas: Campingplatz hinter der Kirche, 600 Meter vom Strand mit Stellplätzen, Hütten und Zimmern, Gemeinschaftsküche; M. Petrausko g. 1A, Palūšė 30202, *paluseskempingas.lt*
- weitere Campingplätze und Ferienhöfe: *aparkai.lt/de/ubernachten*

Im Westen Litauens

Im Sonnenaufgang löst sich der Nebel über dem Fluss Nemunas (Memel) auf.

Im Westen Litauens

13. Der Berg der Kreuze: bei Šiauliai wächst ein Gemeinschaftswerk
14. Im Nationalpark Žemaitija: in den Tunneln des Kalten Krieges
15. Auf der kurischen Nehrung: bunte Häuser und hohe Dünen in Nida
16. Am Horn von Ventė: Vögel zählen am Windenburger Eck
17. Kultur in Kaunas: von der Gotik in die Moderne
18. Am Kaunasser Meer: die wechselvolle Geschichte des Klosters Pažaislis
19. Kurort Birštonas: Aufstieg zum Ausblick auf die Memelschleife
20. Im Biosphärenreservat Žuvintas: Wo die großen Schwärme rasten

Aizpute
Skrunda
Saldus
Jelgava
Dobele
Iecava
Liepaja
LETTLAND
Priekule
Vainode
Bauska
Mazeikiai
Zagare
Skuodas
Naujoji Akmene
Zeimelis
Joniskis
Vaskai
14
13
Pasvalys
Palanga
Telsiai
Siauliai
Plunge
Kretinga
Radviliskis
Varniai
Klaipeda
Kelme
Sidabravas
Ostsee
A1
15
16
Silute
LITAUEN
Kedainiai
Ariogala
Taurage
Jonava
Sowetsk
Slavsk
Neman
Sakiai
17
18
Krasnoznamensk
Kaunas
Polessk
RUSSLAND
19
Chernyakhovsk
Nesterov
Prienai
Gvardeysk
20
Gusev
Marijampole
Pravdinsk
Ozyorsk
Alytus
Goldap
Bartoszyce
Wegorzewo
Lazdijai
Ketrzyn
Suwalki
POLEN
Olecko
Druskininkai
Biskupiec
Mragowo
Elk
Augustów
WEISS-
RUSSLAND
Purda
Pisz

13. Der Berg der Kreuze: bei Šiauliai wächst ein Gemeinschaftswerk

Die rekordverdächtige Sehenswürdigkeit in der Nähe von Šiauliai darf auf fast keiner Litauen-Reise fehlen. Warum sich ein Besuch dieses einzigartigen Ortes trotz gelegentlicher Besucherströme lohnt, hat mit seiner Entstehung zu tun.

Stimmungsvoller Abend am Berg der Kreuze

Der große Parkplatz neben der A12 Richtung Riga gibt es preis: Zum Berg der Kreuze kommen viele Touristen, auch mehrere Reisebusse können hier halten. Alle wollen die unzähligen Kreuze sehen, die auf einem Hügel nördlich von Šiauliai stehen: winzige und große, aus Holz, Metall oder Plastik, gekauft oder gebastelt, kunstvoll verziert oder ganz schlicht. Laufend kommen neue dazu. Die Pilgerstätte ist dadurch ständig im Wandel und lohnt einen (weiteren) Besuch.

Vom Parkplatz, wo es eine Touristeninformation mit Souvenirshop gibt, ist es nur ein kurzer Weg von rund 500 Metern zum Berg der Kreuze. Errichtet wurde er auf einem kleinen Hügel, auf dem im Mittelalter eine hölzerne Burg gestanden hatte. 1348 wurde sie von der livländischen Armee zerstört und nicht wieder aufgebaut. Die ersten Kreuze sollen Mitte des 19. Jahrhunderts aufgetaucht sein. Da es unter der Zarenherrschaft nicht erlaubt war, Kreuze zu Hause zu haben, wurden sie stattdessen hier aufgestellt. Der Hügel wurde immer mehr zum Pilgerort: Nach dem Ersten Weltkrieg kamen ringsum bereits tausende Gläubige zur

Schmale Wege führen zwischen den Kreuzen hindurch.

Jedes Kreuz erzählt eine Geschichte.

Messe zusammen. Ab 1944 versuchten die sowjetischen Besatzer vergeblich den Kreuzen Herr zu werden. So entwickelte sich die christliche Pilgerstätte auch zu einem Symbol für Widerstand, Hoffnung und Freiheit. Nach der Unabhängigkeit wurde der Berg der Kreuze weltweit bekannt, als Papst Johannes Paul II. ihm 1993 einen Besuch abstattete. Heute finden sich Kreuze von Pilgern aus aller Welt. Es könnten hunderttausende sein – ein Zählversuch von Studierenden der Universität Vilnius Anfang der 1990er-Jahre wurde bei 50.000 abgebrochen.

Kunstvoll geschnitzte Christusfigur

Wer diesen ungewöhnlichen Ort in Ruhe erleben will, sollte ihn beispielsweise vor oder nach den Öffnungszeiten der Touristeninformation erkunden. Gerade bei Sonnenauf- oder -untergang entsteht eine mystische Stimmung zwischen den Kreuzen. Da es nur wenige Unterkünfte in der direkten Umgebung gibt, sind dann nur wenige Touristen zugegen.

Der Berg der Kreuze ist das prominenteste, aber nicht das einzige Beispiel für die litauische Kunst des Kreuzmachens – eine Volkskunst, die 2008 von der UNESCO in die Repräsentative Liste des immateriellen Kulturerbes der Menschheit aufgenommen wurde. Bereits seit dem 15. Jahrhundert haben die Litauer Kreuze aus Holz oder Metall angefertigt, um Gott Respekt zu erweisen, Dankbarkeit zu zeigen, um Gesundheit, Gnade oder Schutz vor Unglück zu bitten. Alte und neue Exemplare finden sich nach wie vor an Straßenrändern, auf Plätzen und in Kirchen. Im ausgehenden 19. Jahrhundert entwickelte sich das Kreuz zu einem Symbol der nationalen Eintracht und Identität weiter und überlebte so die Besatzungszeiten. Beispiele aus allen Landesteilen sind im Freilichtmuseum Litauens bei Kaunas in Rumšiškės zu sehen.

INFO

Lage: rund elf Kilometer nördlich von Šiauliai bei dem Dorf Jurgaičiai, GPS-Daten: 56.01527, 23.41611

Website:
siauliurajonas.lt/de/sehenswurdigkeiten/der-berg-der-kreuze

Hinweise:

- Aus Brandschutzgründen ist es verboten, Kerzen auf dem Berg der Kreuze anzuzünden.
- Kreuze dürfen nicht entfernt oder versetzt werden, neue Holzkreuze die Höhe von drei Metern nicht übersteigen und bestehende Kreuze nicht beschädigen.
- Von Šiauliai führt ein Radweg parallel zur A12 zum Berg der Kreuze.
- Aktuelle Öffnungszeiten der Ausflugsziele in der Umgebung (z. B. Paintball, Zoo und Pferdemuseum) hat die Touristeninformation (Kontakt: *siauliuraj@gmail.com*).

Unterkünfte:

- Sunny Nights: Kleiner Campingplatz im kreativen DIY-Stil, mit Hostelzimmern und Sauna, 20 Kilometer nördlich an der A12, *sunnynights.lt*
- Ferienhof Girele: Zimmer mit Bad und TV, zwei Kilometer vor dem Berg der Kreuze, *sodybagirele.lt/en*

14. Im Nationalpark Žemaitija: in den Tunneln des Kalten Krieges

Versteckt im Wald im Westen Litauens liegt ein Ort, der so gar nicht ins Ferienidyll ringsum passt: eine ehemalige Atomwaffenabschussanlage der Sowjetunion.

Propaganda-Plakate beider Seiten lassen die Ära des Kalten Krieges wieder aufleben.

Wäre der Kalte Krieg eskaliert, wäre die Atomrakete, die eine deutsche Stadt zerstört, höchstwahrscheinlich aus Litauen gekommen. Versteckt im Wald von Plokštinė lagerten von 1963 bis 1978 vier Atomwaffen – einsatzbereit in den Abschussrampen. Eine solche von innen zu besichtigen und die unterirdischen Kontroll- und Lagerräume zu besuchen, ist heute Zivilisten erlaubt und uns zum Glück noch möglich, da nie eine Rakete aus diesem sowjetischen Arsenal abgefeuert wurde. Aus der geheimen Militäranlage ist ein in Europa einmaliges Museum geworden – das Cold War Museum (auf litauisch: Šaltojo Karo Muziejus).

Es liegt heute im Schutzgebiet des Žemaitija-Nationalparks, aber ein gutes Stück abseits des großen Plateliai-Sees am Ende einer langen Schotterstraße. Die Anfahrt lohnt sich – der erste Blick auf das karge Gelände täuscht. Die sehenswerte Ausstellung und die erhaltenen historischen Anlagen befinden sich großteils unter der Erde. Die Militärbasis wurde ab 1960 errichtet, nachdem die wenigen Bewohner des Gebiets umgesiedelt wurden. Die Lage galt als ideal, um ganz Europa mit Raketen erreichen zu können. Tausende Soldaten, überwiegend Esten, sollen die Anlage und die

Das Museum befindet sich in einer originalen Militäranlage aus den 1960ern.

Die vier abgedeckten Silos enthielten einst Atomraketen, die auf Europa gerichtet waren.

Waffensilos bloß mit Schaufeln ausgegraben haben. Ende 1962 ging die Basis in Betrieb. Die Nuklearwaffen sollen auf feste Ziele ausgerichtet gewesen sein, auch in Westdeutschland. Nach 1978 wurden die Raketen abgezogen.

Das Museum widmet sich der Geschichte des Kalten Kriegs, der Propaganda beider Seiten, dem Aufrüsten, dem Leben und Arbeiten in der Militärbasis und den Konsequenzen eines nuklearen Angriffs. Am eindrücklichsten ist der Besuch im Rahmen einer Führung, aber auch auf eigene Faust ist es möglich, die unterirdischen Gänge zu erkunden und die Fotos, Schusswaffen und teils originale Einrichtung zu betrachten. Highlight ist sicher der Blick in das fast 30 Meter tiefe Silo, das einst einen der Atomsprengköpfe enthielt.

Wer außerdem Zeit für den Nationalpark hat, sollte Plateliai auf der anderen Seite des gleichnamigen Sees ansteuern. Dort ist das Besucherzentrum des Parks, es gibt Cafés und Läden sowie ein Naturkunde- und Geschichtsmuseum, das in der ehemaligen Scheune des Plateliai-Herrenhauses untergebracht ist. Im Norden des Dorfes, in der Nähe des Jachtklubs, gibt es eine barrierefreie Aussichtsplattform, von der aus man zwei der sieben Inseln des großen Sees sehen kann. Wer mit dem Fahrrad unterwegs ist, kann den See umrunden. Die Strecke ist 24 Kilometer lang und führt am Cold War Museum vorbei.

INFO

Lage: im Nordwesten des Landes im Žemaitija-Nationalpark, in der Nähe der Verbindungsstraße E272 zwischen Palanga an der Ostsee (70 Kilometer entfernt) und Šiauliai beim Berg der Kreuze (110 Kilometer entfernt); Šilinės g. 4, Plokščiai 90419

Websites:

- *zemaitijosnpd.lrv.lt/en/information-for-visitors/expositions*
- *zemaitijosnp.lt/en/veikla/places-to-visit/cold-war-exposition*
- Fahrradstrecke: *zemaitijosnp.lt/en/veikla/walking-and-cycling-trails/cycling-around-lake-plateliai*

Hinweise:

- Führungen auf Englisch werden für angemeldete Gruppen durchgeführt. Reservierung: Tel. +370 67786574 oder *ilona.urnikiene@zemaitijosnp.lt*. Einzelpersonen können sich anschließen oder einen Audioguide (auch auf Deutsch) nutzen.

Unterkünfte:

- Feriendorf Saulės slėnis: mit Bungalows und Ferienhäusern für bis zu zwölf Personen, mit Teich und Sauna; nur fünf Kilometer vom Museum, *saulesslenis.lt/en*
- Sechs Zeltplätze im Nationalpark, z. T. mit Bungalowvermietung; Standorte und Kontakt: *zemaitijosnp.lt/en/turizmas/campsites/*

15. Auf der kurischen Nehrung: bunte Häuser und hohe Dünen in Nida

Eine Landzunge – im Westen die Ostsee, im Osten das Haff – darauf Kiefernwälder und Dünen. Kein Wunder, dass dieses Sommerparadies auch Thomas Mann gefiel und den Schriftsteller Vergleiche zu Nordafrika ziehen ließ.

Fast 100 Kilometer lang und an der schmalsten Stelle nur 380 Meter breit – das ist die Kurische Nehrung, die seit etwa 5000 Jahren das Haff von der Ostsee trennt. Seit 2000 ist sie UNESCO-Weltkulturerbe. Mehr als die Hälfte der Landzunge ist litauisches, der Rest russisches Staatsgebiet. Rund 2600 Menschen leben im litauischen Teil, verteilt auf ein paar Dörfer an der Haff-Küste, die noch nicht von den Wanderdünen verschluckt wurden. Das bekannteste davon ist Nida.

Es entstand während der Besiedlung durch den Deutschen Orden im Mittelalter. Später zogen Kuronier auf die Nehrung: lettische Fischer, deren Holzhäuser die Orte prägen. Ende des 19. Jahrhun-

Die Fischerhäuser und ihre leuchtenden Farben inspirierten Künstler schon vor hundert Jahren.

derts – die Nehrung gehörte zu Preußen, Nida hieß Nidden – gründeten deutsche Expressionisten eine Künstlerkolonie (das heutige Hotel Banga), die wiederum 1929 Thomas Mann anzog. Er war von der Landschaft derart angetan, dass er ein Sommerhaus bauen ließ und drei Jahre infolge hier verweilte. „Im Fischerdorf findet man an den Häusern vielfach ein besonders leuchtendes Blau, das sogenannte Niddener Blau [...]. Alle Häuser, auch das unsere, sind mit Stroh- und Schilfdächern gedeckt und haben am Giebel die heidnischen gekreuzten Pferdeköpfe." So beschrieb er Nida – und so kann man es heute noch sehen.

Das Sommerhaus von Thomas Mann

Man muss nur auf dem Küstendamm oder den beiden Parallelstraßen spazieren oder Fahrrad fahren und wird überall den typischen Baustil entdecken. Rot, weiß und blau sind die klassischen Farben – auch der geschnitzten Wimpel entlang der Küste. Sie dienten einst dazu, die Fischerboote zu identifizieren und das Fischen außerhalb ihres zugewiesenen Gebiets zu bestrafen.

Einen Blick in ein Fischerhaus ermöglicht das Ethnografische Gehöft an der Naglių-Straße 4: Es wurde 1927 erbaut und bis 1944 von einer Familie bewohnt, die damals wie viele Einwohner vor der Roten Armee aufs Festland floh. Manns Sommerhaus liegt auf einem Hügel nördlich des Dorfkerns. In den 1990er-Jahren wurde es anhand der Erinnerungen seiner Tochter restauriert und 2014 mit einer neuen Ausstellung ausgestattet, die sich um sein Schaffen und die damalige Zeit dreht – kurzweilig und atmosphärisch.

Ein Besuch von Nida wäre nicht komplett ohne einen Spaziergang in die Dünen. Vom Küstendamm nach Süden sind es 1,2 Kilometer und mehr als 150 Stufen, vom Campingplatz nur 800 Meter bis auf die Parnidis-Düne. Mit 53 Metern ist sie eine der höchsten Europas und der einzige Ort in Litauen, von dem aus man die Sonne im Haff aufgehen und in der Ostsee untergehen sehen kann – und besonders zu dieses Tageszeiten einen Besuch wert. Auf dem höchsten Punkt ist ein Sonnenkalender. Die Wanderdünen sind geschützt, aber ein markierter Weg führt in die Landschaft hinein – wo man den Nordafrika-Vergleich Thomas Manns nachvollziehen kann. Wer länger auf der Nehrung bleiben will, findet Ostseestrände unter Blauer Flagge, Fahrrad- und Wanderwege sowie den Hexenberg in Juodkrantė mit geschnitzten Figuren vor.

Sonnenuntergang am Sonnenkalender

Der Sand erobert alles: Dünenlandschaft bei Nida.

INFO

Lage: auf der kurischen Nehrung, drei Kilometer vor der russischen Grenze, Touristeninformation mit Parkplatz: Taikos g.4. Nida 93127

Websites:

- Tourismusinformation: *visitneringa.com/de*
- Fähre: *keltas.lt/en*
- Nationalpark: *saugoma.lt/de/gebiete/nationalpark-kurische-nehrung*
- alle Museen: *neringosmuziejai.lt/de*

Hinweise:

- Der Besuch der Kurischen Nehrung ist kostenpflichtig. An der Schranke in Alksnyne ist nur Kartenzahlung möglich. Tickets können vorab online gekauft werden: *unipark.lt/en/entrance-to-nida* (Englisch)
- Für einen Tagesausflug ist es möglich, die Personenfähre von Vente zu nehmen: *ventaine.lt/ferry-en* (Englisch)
- jährliches Kulturfestival um den 16. Juli
- Thomas-Mann-Haus: Skruzdynes g. 17, 93123 Neringa, Kulturzentrum: *mann.lt/de*

Unterkunft:

- Campingplatz Nidos kempingas: liegt praktisch fußläufig zwischen den Dünen am Haff und dem Ostseestrand, 100 Stellplätze für Zelte und Wohnmobile sowie Zimmer; E. A. Jonušo 11, Neringa 93127, *kempingas.lt/de*

16. Am Horn von Ventė: Vögel zählen am Windenburger Eck

Gegenüber der Kurischen Nehrung liegt das „Horn von Ventė" – eine einst bei Seefahrern gefürchtete Landzunge, heute Standort einer großen Vogelstation. Dort kann man den Zugvögeln ganz nahe kommen.

Am Kap am Flussdelta fliegen die Zugvögel in die großen Netze und werden vor ihrer Weiterreise erfasst und beringt.

Auf ihren letzten rund 100 Kilometern wird der Nemunas (Memel), der in Weißrussland entspringt und eine Reise durch Litauen unweigerlich begleitet, zum Grenzfluss zwischen Litauen und dem russischen Kaliningrad. Bei Rusnė bildet er ein breites Delta, dessen einzelne Flüsse ins Haff münden, und somit ein bedeutendes Feuchtgebiet. Seit 1992 steht das Mündungsdelta unter Schutz. Der damals gegründete Regionalpark hat für Säugetiere und Vögel einen wichtige Funktion als Lebensraum, Brutgebiet und Raststätte – und wird dadurch auch für menschliche Besucher lohnenswert.

Hinzukommt eine historische Bedeutung der Region: Schon 1360 ließ der Deutsche Orden am heutigen „Ventės ragas", dem Horn von Ventė, eine Burg bauen. Sie sollte den Schiffsverkehr entlang der Memel schützen. Doch die Wellen im Haff unterhöhlten die Burg und ließen sie einstürzen. Was lange Zeit erhalten blieb, war ihr Name: Windenburg. Als Windenburger Eck war die Halbinsel noch bis ins 20. Jahrhundert bekannt. Eine Kirche anstelle der Burg wurde 1702 von einem Sturm zerstört. Die Seefahrer fürchteten die Gegend vor allem wegen tückischer steiniger Sandbänke. Zu ihrer Warnung wurde 1852 ein Leuchtturm am Kap errichtet, der heute noch besichtigt werden kann und, obwohl nur elf Meter hoch, einen tollen Blick übers Haff bis zu den Dünen von Nida bietet. Seit 1929 besteht die Vogelwarte direkt daneben.

Goldammer, Eisvogel und Brandgans wurden am Horn gesichtet.

Vogelwarten wurden zu Beginn des 20. Jahrhunderts zuerst in Europa und dann in anderen Ländern eingerichtet, um zum Beispiel herauszufinden, wohin und wie lange die Zugvögel fliegen. Heute werden die Daten auch zur Migrations- und Populationsüberwachung genutzt. Ventės ragas liegt auf der Route der Zugvögel zwischen Nordeuropa und Afrika und bietet ihnen aufgrund der Lagunen und grünen Feuchtgebiete ringsum viele Rastmöglichkeiten.

Im kleinen Museum auf dem Gelände sind ausgestopfte Exemplare der Vögel zu sehen, die regelmäßig auf dieser Route unterwegs sind. Außerdem geht es um die Geschichte des Windenburger Ecks

Ein einmaliges Erlebnis: eine Heckenbraunelle wird nach der Beringung „entlassen".

und der Station, die vom Biologen Tadas Ivanauskas gegründet worden war. Auch der zoologische und der botanische Garten in Kaunas gehen auf ihn zurück. Eine Aussicht auf die Netze und das Kap gibt es vom oberen Stockwerk.

Der Besuch der Vogelwarte ist vor allem im Frühjahr und Herbst ein echtes Schauspiel, wenn mitunter 300.000 Vögel am Tag vorbeiziehen. 50.000 bis 80.000 jährlich fliegen in die großen Netze, werden von den Ornithologen erfasst und beringt und setzen ihren Flug fort. Geführte Touren durch die Anlage – die Fallen sollen unter den größten der Welt sein – sind ebenso möglich wie das „Helfen" beim Freilassen der kleineren Vögel. Ein Besuch von Ventės ragas lässt einen die Dimensionen der Reise erahnen, die sie zweimal jährlich zurücklegen.

INFO

Lage: Im Kurischen Haff an der Westküste, wenige Kilometer nördlich des russischen Staatsgebietes um Kaliningrad, rund 50 Kilometer südlich von Klaipėda, GPS: 55.345177, 21.193516

Websites:

- Seite der Vogelwarte mit aktuellen Daten, welche Vögel beringt wurden: *vros.lt*
- Regionalpark: *saugoma.lt/de/gebiete/regionalpark-nemunas-delta*
- Tourismusinformation in Šilutė: *siluteinfo.lt/de*

Hinweise:

- Der Parkplatz ist gebührenpflichtig. Die Gebühr ist in dem kleinen Café und Laden zu bezahlen.
- Dort oder an Imbissständen entlang des Weges gibt es auch oft frischen Räucherfisch zu kaufen.

Unterkunft:

- Hotel und Campingplatz Ventainė: nur 30 Wohnmobilstellplätze, Reservierung empfehlenswert, vermietet auch Hütten und Zimmer; nur zwei Kilometer vom Kap und Fähre nach Nida, *ventaine.lt*

17. Kultur in Kaunas: von der Gotik in die Moderne

Die zweitgrößte Stadt des Landes hat eine mittelalterliche Burg, eine hübsche Altstadt und zig Museen – darunter das einzigartige Teufelsmuseum. 2022 war sie Europäische Kulturhauptstadt.

Einen Spaziergang durch Kaunas beginnt man am besten am ältesten Bauwerk der Stadt: der Burg am Zusammenfluss von Neris und Nemunas. Sie wurde als Verteidigungsanlage gegen die Kreuzzüge im 14. Jahrhundert erbaut, diente im 16. Jahrhundert als Gefängnis und beherbergt heute ein Museum über ihre Geschichte. Vieles darin lädt zum Ausprobieren ein, was die Ausstellung für Familien kurzweilig macht. Das Gelände rings um den gotischen Backsteinbau wird für Festivals genutzt, ein Park mit einem Spielplatz schließt sich an.

Die Burg von Kaunas diente einst zur Verteidigung und heute als Museum.

Mediterranes Flair prägt die wichtigste Straße der Altstadt, die Vilniaus gatve.

Neben der Burg liegt die gotische St. Georg-Kirche, die während der Sowjetzeit als Medizinlager genutzt wurde. Nun lassen die Franziskaner die Fresken restaurieren. Von der Kirche läuft man Richtung Stadt und biegt bei der ersten Kreuzung rechts ab – und erblickt einen weißen Turm. Er gehört zum Rathaus auf dem Marktplatz, das weißer Schwan genannt wird. In dem barocken Bauwerk ist ein Teil des Stadtmuseums untergebracht, man kann darin heiraten und auf den Turm steigen. An den niedrigen Häusern rings um den Platz wird deutlich, dass Kaunas, obwohl es vorübergehend Hauptstadt war, nur halb so groß wie Vilnius ist. Das Flair der schmalen Straßen und Cafés hat indes fast etwas mediterranes. Mit fast 40.000 Studenten ist Kaunas zudem eine junge Stadt.

Wer an der Backsteinkirche, der St. Peter und Paul Kathedrale, geradeaus läuft, kommt auf die Vilniaus gatvė, die zum Schlendern und Kaffeetrinken einlädt. Sie führt quasi aus dem Mittelalter in den jüngeren Teil der Innenstadt: Sie mündet in die Laisvės alėja (dt. Freiheitsallee), die Shoppingmeile mit der grünen Allee in der Mitte. Geschäfte, Institutionen und Museen säumen sie. Wer jedoch zum berühmten Teufelsmuseum will, biegt nach 600 Metern (am Spring-

Außen Backstein, innen opulent: die Kathedrale

brunnen ist man einen Block zu weit) links auf die Maironio gatve ab, die gleich links vom Museum endet.

Das Teufelsmuseum ist weltbekannt. Die Sammlung von mehr als 3000 Teufelsfiguren aus über 70 Ländern ist so einzigartig, dass sie in den 1980ern ein eigenes dreistöckiges Museum bezogen hat. Gäste schenken dem Museum hin und wieder Exemplare, sodass immer neue Souvenirs, Masken oder Kunstwerke hinzukommen. Es gibt süße Teufelchen und richtig fiese, einen Reggae- und einen Hitler-Teufel. Das Museum hält zudem das Andenken an Antanas Žmuidzinavičius wach, der die Teufel Zeit seines Lebens (1876 bis 1966) gesammelt hat. Er war Lehrer, Künstler und Kunstsammler, entwarf Geldscheine und Briefmarken. Sein Wohnhaus und Atelier war das ältere Gebäude neben dem Museum – ein Beispiel für den Baustil der Moderne in Kaunas. Seine Wohnung ist original erhalten geblieben.

Das Wohnhaus ist nur eines von vielen Bauwerken der Moderne aus den 1930er-Jahren. Man spricht nicht umsonst von Kaunaser Schule: 2015 wurde der Stadt dafür das Europäische Kulturerbe-Siegel verliehen. Dazu gehören auch eine Kirche, die Landesbank und Museen – eine interaktive Karte gibt es online. Die schnörkellosen Fassaden wird man hin und wieder entdecken, zum Beispiel zurück auf der Freiheitsallee am Springbrunnen.

Dieses kulturelle Erbe, die lokale Identität und die europäische Vielfalt feiern und gemeinsam in die Zukunft gehen: Das war das Ziel, das Kaunas mit seiner Bewerbung um die Kulturhauptstadt verfolgt hatte. 2022 brachte nicht nur viele Veranstaltungen in die Stadt und es ist zu erwarten, dass Kaunas sein Gesicht weiter ändert, wie es das seit den 1990ern durch Street-Art getan hat.

Dieses Exemplar braucht keine Erklärung: eins von tausenden Exponaten im Teufelsmuseum

INFO

Lage: Kaunas liegt ziemlich zentral, 100 Kilometer westlich von Vilnius und 215 Kilometer östlich von Klaipėda.

- Die beschriebenen Sehenswürdigkeiten befinden sich im Zentrum und sind alle fußläufig zu erreichen. Zwischen Burg (Pilies g. 17) und Teufelsmuseum (V. Putvinskio g. 64) sind es knapp zwei Kilometer.

Websites:

- Tourismusinformation: *kaunasin.lt/en*
- Kulturhauptstadt: *kaunas2022.eu/en*
- Burg und Stadtmuseen: *kaunomuziejus.lt*
- Teufelsmuseum und andere: *ciurlionis.lt/en*
- Guide der Moderne: *kaunastika.lt/map/modernists-guide*

Unterkünfte:

- Kaunas Lake Camping: grüner Campingplatz am See Lampedis, Strandzugang, zweiter Platz in der Innenstadt, Raudondvario pl. 161 A, Kaunas 47168, *kaunascamping.eu*
- Liste der Hotels: *kaunasin.lt/en/where-to-stay*

18. Am Kaunasser Meer: die wechselvolle Geschichte des Klosters Pažaislis

Am Rand der Stadt gibt es eine barocke Kirche, die bei einer zentraleren Lage sicherlich von Touristen überrannt würde. Einen schönen Blick auf sie hat man auch von einem Lehrpfad am Stausee.

Pažaislis bei Kaunas vereint Hotel, Kloster und Kirche in einem – und eine wunderbare Lage.

Sie gilt als eines der schönsten Beispiele für Barock in Nordeuropa und ihr mit Fresken bemalter Innenraum lässt Vergleiche zur Dresdner Frauenkirche ziehen: Die Kirche Mariä Heimsuchung im Kloster Pažaislis ist eine Augenweide. Das Kloster selbst wird von Nonnen bewohnt und ist nicht zugänglich, aber ein Teil des Gartens und eine Ausstellung in einem Nebengebäude stehen den Besuchern zur Verfügung. Zwei Stunden kann man locker in dem kleinen Areal verbringen.

Blick ins Klostergelände

Die Klosteranlage und die Kirche wurden im 17. Jahrhundert für den Mönchsorden der Kamaldulenser erbaut und gestaltet – und zwar von italienischen Architekten, Baumeistern und Künstlern. Die Anlage war eine Stiftung des Kanzlers des Großfürstentums an den Orden, Kristupas Zygmantas Pacas, der in der Krypta beerdigt wurde. Bis das Gebiet 1831 ans russische Zarenreich fiel, blieb sie in der Hand der Mönche. Danach war sie orthodoxes Kloster, Lazarett der Deutschen im Ersten Weltkrieg, katholisches Frauenkloster und sogar Nervenheilanstalt während der Sowjetzeit. Seit 1992 kümmern sich die Schwestern des heiligen Kasimir darum.

Die moderne Ausstellung, die 2011 im ehemaligen Wohnhaus und Lager eingerichtet wurde, erzählt die wechselvolle Geschichte anhand von Bildern und Artefakten – sehr interessant und kurz-

Wachsfiguren und viele spannende Details gibt es im Museum zu entdecken.

Die Kirche Mariä Heimsuchung

weilig. In der Kirche sind vor allem die Fresken, aber auch Skulpturen und Holzarbeiten sehenswert. Die Gemälde, u.a. von dem florentinischen Maler Michelangelo Palloni beschäftigen sich etwa mit der Krönung Marias im Himmel. Spannend und nicht alltäglich ist es, dass man die Gebets- und Nebenräume und sogar die unterirdische Krypta auf eigene Faust erkunden kann.

Einen Blick in den Garten werfen oder auf einer der Bänke Platz nehmen sollte man bei schönem Wetter auch.

Eine kurze Autofahrt entfernt gibt es noch einen nicht all zu langen, aber sehr abwechslungsreichen Wanderweg mit Ausblick zum

Die prächtigen Fresken widmen sich der Geschichte Marias.

Kloster: den geologischen Lehrpfad von Žiegždriai am Südufer des Stausees, der als Kaunasser Meer bekannt ist. Mit 3,2 Kilometern Länge (hin und zurück) ist er auch für Familien gut geeignet, aufgrund einiger Treppen jedoch nicht barrierefrei.

Das Besondere an diesem Küstenabschnitt sind die Steinformationen: In den Felsen haben sich Mini-Stalaktiten gebildet, wie man sie sonst aus Tropfsteinhöhlen kennt. Der Weg führt erst oberhalb der Steilküste entlang, die bis zu 22 Meter hoch ist und Ausblicke auf das Kaunasser Meer bietet. Dann geht es über Treppen hinab zu den Felsen, die in der Eiszeit entstanden sind. An einem Abschnitt des Holzstegs haben die Spaziergänger außerdem angefangen, Glöckchen aufzuhängen. Im Laubwald entlang des Lehrpfads steht eine alte Linde mit einem Stammdurchmesser von 4,3 Metern. An beiden Enden des Weges ist es möglich, zum schmalen Strand abzusteigen, von dem man zum Kloster zurückblicken kann.

INFO

Lage: Das Kloster liegt am Nemunas-Stausee östlich von Kaunas, Tito Masiulio g. 31, Kaunas 53436

- Der geologische Lehrpfad „Žiegždriai" liegt in der Nähe des gleichnamigen Dorfes, kleine Wanderparkplätze gibt es an der Kalniškių g., Žiegždrių.

Websites:

- Kloster: *pazaislis.org/en*
- Lehrpfad: *saugoma.lt/de/objekte/objekte-der-lehrpfad-ziegzdriai*

Hinweis: Führungen müssen vorab gebucht werden.

Unterkünfte:

- Monte Pacis: 4-Sterne-Hotel und Restaurant am Kloster; T. Masiulio g. 31, Kaunas 52436, *montepacis.lt*
- Duobakalnio stovyklavietė: am Stausee, einfacher Zeltplatz des Regionalparks mit Feuerstelle; in Viršužiglis an der Kirche vorbei noch ca. einen Kilometer auf einer Schotterpiste, GPS: 54.825391, 24.207017

19. Kurort Birštonas: Aufstieg zum Ausblick auf die Memelschleife

Aussichtstürme gehören zum Baltikum wie Moorpfade und Ostseestrände. Bei Birštonas steht ein besonders hohes Exemplar, das eine Weitsicht über den Kurort hinaus ermöglicht.

Der Aussichtsturm von Birštonas ist mit einer Gesamthöhe von 55 Metern und einer Plattform 45 Meter über der Erde der höchste in Litauen. Was ihn zusätzlich sehenswert macht, ist seine Lage: Das Kurbad Birštonas liegt quasi auf einer Halbinsel, die der Fluss Nemunas, die Memel, geschaffen hat. Die Landzunge ist an ihrer schmalsten Stelle, südlich des Ortes, nur rund 1200 Meter breit. Wie die engen Schleifen entstanden sind, ist nicht gänzlich geklärt.

Blick auf den Kurort Birštonas, im Hintergrund Nebel über dem Fluss

55 Meter hoch ist der Turm.

Um einen Eindruck davon zu gewinnen, müsste man fliegen – oder den Aussichtsturm besteigen. Er steht auf einer Anhöhe am Steilufer und bietet einen Ausblick auf die Mäander des Flusses. Dazu muss man rund 300 Stufen hinaufsteigen. Besonders reizvoll ist die Sicht am Morgen im Frühjahr oder Herbst, wenn der Nebel aus dem Flusstal aufsteigt.

Entworfen haben den sehenswerten Turm die Architekten Donatas Malinauskas und Vytautas Putna. Mit seiner Verkleidung aus Lärchenholz und dem spitzen Dach soll er an die Bergfriede der hölzernen Burgen erinnern, die einst die litauische Landschaft dominierten, aber auch an Glockentürme. Der Turm wurde 2019 eröffnet und zieht an Sommerwochenenden zahlreiche Besucher an, dann sind Wartezeiten einzuplanen. In der Hauptsaison findet man zu seinen Füßen auch ein kleines Café. Abends wird er beleuchtet.

Danach (oder als Hinweg, siehe Info) kann man am kurzen Hochuferweg über der Memel spazieren gehen. Er beginnt hinter dem Turm am Waldrand und führt zu zwei Aussichtspunkten. Weitere Wanderwege hält der Memelschleifen-Regionalpark bereit, der die Landschaft rings um diesen ungewöhnlichen, immerhin 60 Kilometer langen Flussabschnitt seit 1997 unter Schutz stellt. Der Park lässt sich auch hervorragend mit dem Fahrrad erkunden.

Eine 20 Kilometer lange Route beginnt in Birštonas und führt durch den Wald auf der Halbinsel, über die Memel nach Prienai, am Fluss entlang und durch den Salzwald zurück in den Kurort. Karten der Route gibt es in der Touristeninformation an der B. Sruogos gatve 4.

Birštonas selbst ist eine hübsche Kleinstadt, die wegen ihrer Mineralwasserquellen seit dem 19. Jahrhundert bekannt ist. Zahlreiche Sanatorien bieten Kuranwendungen an. Zu den Sehenswürdigkeiten gehört das Kurhaus von 1855 neben der Touristeninfo.

Der behäbige, breite Fluss ändert bei Birštonas mehrfach seine Richtung.

Es liegt zwischen dem Kneipp-Garten mit Becken und Barfußpfad und einem Park, in dem sich eine Mineralquelle befindet. In dem gelben Häuschen kann das salzige Wasser probiert werden. Einen Kilometer flussaufwärts findet man den großen „Central Park" mit Spielplätzen, Fitnessgeräten, Skulpturen und einer Wasserverdampfungsanlage. Diese soll in einem Umkreis von rund 50 Metern mit Mineralwasser angereicherte Seeluft erzeugen, die vor allem bei Atemwegserkrankungen heilsam sein soll. Die Anlage lädt mit Holzbänken und abendlichen Lichteffekten jedenfalls zum Ausruhen ein.

INFO

Lage: Birštonas liegt rund 91 Kilometer westlich von Vilnius und rund 45 Kilometer südlich von Kaunas und bietet sich als Zwischenstopp an. Der Turm steht auf einer Anhöhe neben der A16: Bokšto al 25, Birštonas 59219

Websites:

- *visitbirstonas.lt*
- *saugoma.lt/de/gebiete/regionalpark-nemunas-schleifen*

Hinweise:

- Menschen mit Behinderungen dürfen zum Turm fahren (Aussicht via QR-Code auf dem Smartphone), für alle anderen führt ein Fußweg in rund 20 Minuten vom Ort zum Turm oder ein kürzerer vom Parkplatz des Restaurants „Birštono Seklytėlė"
- Eine Ausstellung über den Fluss sowie Tipps für Sehenswürdigkeiten im Memelschleifen-Regionalpark gibt es in einem kleinen Besucherzentrum; Tylioji g. 1., Birštonas 59206

Unterkünfte:

- Naturcamp: Campingplatz am Ortseingang hinter den drei Teichen, 50 Stellplätze für Wohnmobile, 100 für Zelte, 16 Hütten bzw. Glampingzelte, Campingküche; Karalienės Barboros al. 1, Birštonas 59202, *naturcamp.lt*
- Ferienwohnungen und Sanatorien in Birštonas: *visitbirstonas.lt/de/ubernachten*

20. IM BIOSPHÄRENRESERVAT ŽUVINTAS: WO DIE GROSSEN SCHWÄRME RASTEN

Jährlich im Frühjahr und Herbst wird das Feuchtgebiet zwischen Marijampolė und Birštonas zum Landeplatz für tausende Zugvögel. Aber auch zwischendurch gibt es für Besucher etwas zu entdecken.

Das Besucherzentrum mit Lehrpfad und Aussichtsterrasse liegt direkt im Schutzgebiet.

Für Tierfotografen und Vogelbeobachter gibt es kaum schönere Nachrichten: Die Grauen Kraniche sind da. Mehr als 1200 wurden vor Sonnenuntergang gezählt. Zwei Wochen später kommen dic ersten Tundra-Gänse an, die Graugänse verweilen schon seit Mitte August im Gebiet. So berichteten es die Mitarbeiter des Žuvintas Biosphärenreservats in ihrem Naturtagebuch im Internet. Manchmal entdecken sie auch seltene Vogelarten oder beobachten einen Adler bei der Jagd. Jedes Jahr machen tausende Zugvögel Rast in dem Naturschutzgebiet, das zugleich das älteste des Landes ist. Wer es den Forschern gleich tun möchte, muss nicht weit gehen.

Weißwangengänse auf dem Weg nach Süden

Rund 14.200 Hektar ist das Schutzgebiet groß und umfasst neben Wäldern und Sumpfgebieten auch einen flachen See. An dessen Ostseite liegen das Besucherzentrum und ein Aussichtsturm im Schilf, zu dem ein kurzer Holzweg führt. In der Ausstellung im Besucherzentrum lernen Besucher die Geschichte, Flora und Fauna von Žuvintas kennen. Außerdem hat man bereits aus dem Gebäude einen tollen Blick auf den See sowie die Möglichkeit, vom Dach mit Teleskopen nach Vögeln zu suchen.
Rings um das Schutzgebiet gibt es weitere Lehrpfade und am Amalva-Sumpf eine rollstuhlgerechte Plattform.

Auf der Jagd

Da nicht nur Zugvögel im See rasten, sondern auch mehrere Vogelarten im flachen Bereich brüten, gibt es von März bis Oktober etwas zu sehen. See und Sumpf dienen als Zuhause für 14 geschützte und seltene Vogelarten: Seggenrohrsänger, Rohr- und Wiesenweihe, Wachtelkönig, Tüpfelsumpfhuhn, Birkhuhn,

Kranich, Bruchwasserläufer, Trauerseeschwalbe, Weißrücken- und Mittelspecht, Bläss- und Saatgans und Große Rohrdommel. Der Rohrsänger gehört dabei europaweit zu den selten gewordenen Singvögeln, er ist nur noch in vier Ländern zu finden. Insgesamt wurden 240 Vogelarten in dem Gebiet beobachtet. Zum Ausruhen kommen tausende Kraniche, Gänse, Enten und andere Wasservögel vorbei.

Wer Ruhe abseits von Verkehr und Trubel sucht, ist im Reservat auch nicht verkehrt.

Die Beweidung trägt zum Erhalt des Feuchtgebiets bei.

Schon 1937 hatte man die Bedeutung des Feuchtgebietes erkannt und aus Žuvintas ein Naturschutzgebiet gemacht, in dem die Jagd von da an verboten war. 2002 wurde aus diesem Bereich und angrenzenden Schutzgebieten ein Biosphärenreservat gegründet, das 2011 ins Netzwerk der UNESCO-Biosphärenreservate aufgenommen wurde. Es ist das einzige der UNESCO in Litauen.

INFO

Lage: Das Besucherzentrum liegt 20 Kilometer von der Verbindungsstraße von Marijampolė, Birštonas und Vilnius entfernt, der A16; Kampelių 10, Aleknonių 64351

Websites:

- *dzukijossuvalkijosstd.lrv.lt/en/zuvinto-biosferos-rezervatas* (Englisch)
- *saugoma.lt/de/gebiete/das-biospharenreservat-zuvintas*

Hinweis: Wer im Schutzgebiet unterwegs ist, sollte keinen Lärm zu machen, keine Pflanzen abschneiden und Hunde nur an der Leine führen, um die Tiere nicht zu stören. Der Besuch ist nur im Hellen gestattet.

Unterkunft:

- Bukonys: Camping und Zimmervermietung bei Marijampolė, ca. eine halbe Stunde Fahrt entfernt; Bukonių k. 1, Marijampolės sav., Lietuva 69113, *bukonys.lt*

Im Osten Lettlands

Sonnenuntergang über der Daugava (Düna), längster Fluss des Baltikums

Im Osten Lettlands

21. Daugavpils: die Stadt der außergewöhnlichen Museen
22. An den Schleifen der Daugava: Diese Aussicht ist Geld wert
23. Krāslava: Spaziergang zum Fluss und durch den Schlosspark
24. Nationalpark Rāzna: Roadtrip zum größten See und den meisten Inseln
25. Rēzekne: Kunstgenuss in der Botschaft von Latgale
26. Gulbene bis Alūksne: mit der Bahn von Museum zu Museum
27. Im Umland der Bahnstrecke: bei den Bibern in Jaunanna und am Schloss Stāmeriena
28. Am Alūksne-See: Wo die Brücke singt und die Glückseichen wachsen

ESTLAND
RUSSLAND
LETTLAND
LITAUEN
WEISSRUSSLAND
Laanemetsa
Lavry
Palkino
Ape
Kachanovo
Smiltene
Aluksne
Jaunpiebalga
Gulbene
Balvi
Vecpiebalga
Pytalovo
Cesvaine
Ergli
Varaklani
Jekabpils
Vilani
Ludza
Rezekne
Riebini
Zilupe
Livani
Preili
Akniste
Dubrova
Vabole
Obeliai
Kraslava
Rayon
Daugavpils
Zarasai
Gauja
Aiviekste
Daugava
Lzha
E77
A2
P34
P27
P35
P37
P45
E262
P36
P48
P82
P84
A13
P62
E22
A12
P55
P58
A6
P72
P52
28
26
27
25
24
22
23
21

21. DAUGAVPILS: DIE STADT DER AUSSERGEWÖHNLICHEN MUSEEN

Ein Museum für moderne Kunst, eins für Schnaps und eins für Munition hat die zweitgrößte Stadt Lettlands zu bieten. Da sieht man über die teils renovierungsbedürftige Altstadt gerne hinweg.

Die Stadt an der Daugava spielte einst eine große Rolle, davon kündet ihre riesige Festung. Im 13. Jahrhundert wurde zunächst die Dinaburg gebaut und aufgrund ihrer Lage an der Handelsroute zwischen Russland und Polen mehrfach angegriffen, zerstört und wieder aufgebaut, bis Ivan der Schreckliche die Festung flussabwärts errichtete. 1810 wurde sie zur Verteidigung der damaligen russischen Grenze gegen Frankreich ausgebaut und Daugavpils entwickelte sich zur größten Stadt im Nordwesten Russlands. Unter sowjetischer Besatzung im vorigen Jahrhundert wurde die Festung von der Roten Armee genutzt und um Plattenbauten ergänzt.

Warum diese Einleitung? Weil die Festung ohne Hintergrundwissen ein merkwürdiger Ort ist. Schick restaurierte Gebäude stehen neben bewohnten Plattenbauten und verfallenden Altbauten – und im ehemaligen Waffendepot hängen jetzt Bilder von Mark Rothko.

Nur noch zur Schau stehen die Kanonen vor dem Kunstzentrum in einem Flügel der Festung.

Anlaufpunkt für moderne Malerei

Der für seine Farbfelder weltbekannte amerikanische Künstler wurde nämlich 1903 als Marcus Rothkowitz im heutigen Daugavpils geboren. Das 2013 eröffnete Mark-Rothko-Kunstzentrum zeigt eine Daueraustellung über sein Leben und Werk, die auch die Atmosphäre der Stadt vor 100 Jahren lebendig werden lässt, und anhand von fünf Originalen seine Entwicklung zwischen 1936 und 1964. Sonderaustellungen vor allem moderner Kunst ergänzen die kleine, feine Schau.

Nicht weniger besonders ist das Šmakovka-Museum um die Ecke von der Touristeninformation im Zentrum. Šmakovka ist für Latgale (Lettgallen), den Osten des Landes, was Grappa für Italien ist: der Schnaps, der seit hunderten Jahren von vielen Einheimischen selbst hergestellt wird. Hefe, Zucker und Getreide sind die Grundzutaten für den 40- bis 50-prozentigen Drink, Früchte oder Gewürze bringen Geschmack hinein. Das moderne Museum zeigt, wie Šmakovka mit moderner Technik gebrannt wird – und mit welchen teils abenteuerlichen Mitteln er hergestellt wurde. Einheimische haben sie zur Verfügung gestellt. Der Audioguide liefert Hintergrundwissen zur Region, zu Zeiten als Alkoholbrennen nicht nur illegal, sondern quasi politisch war, und andere interessante Fakten. Im Anschluss können verschiedene Sorten verkostet werden – zu kaufen gibt es ihn im Einkaufszentrum schräg gegenüber.

Was braucht man, um den Schnaps der Region zu brennen? Das Museum verrät es.

Der Schrotturm fällt auf.

Zu guter Letzt verfügt die Munitionsfabrik DSR in Daugavpils über den ältesten, funktionierenden Schrotturm in Europa und auch der kann seit 2012 besichtigt und bestiegen werden. Der Schrot entsteht, wenn flüssiges Blei aus dem obersten Stockwerk 40 Meter tief in ein Wasserbecken getropft wird. Die Fabrik wurde 1885 eröffnet, der Turm ersetzte 1911 den zuvor abgebrannten Holzturm. Die Guides wissen die Geschichte der Fabrik und Funktionsweise des Turms unterhaltsam zu erzählen, die originale Einrichtung sorgt für das nötige Flair und vom Turm hat man zusätzlich eine tolle Sicht auf Daugavpils und den Hügel der Kirchen. Gegen Aufpreis ist die Benutzung der Schießanlage möglich. Eine Karte im Eingang zeigt, woher die Besucher kommen: aus aller Welt – zu Recht.

Auf dem Berg der Kirchen in Daugavpils stehen Kirchen von vier Konfessionen eng beisammen.

Original und originell sind auch die Werkräume der Munitionsfabrik eingerichtet.

INFO

Lage: im Südosten Lettlands, das Mark-Rothko-Zentrum ist in der Festung (Mihaila iela 3, Daugavpils 5401), das Schnapsmuseum in der Innenstadt (Rīgas iela 22A, Daugavpils 5401) und der Schrotturm etwas außerhalb (Varšavas ielā 28, Daugavpils 5404).

Websites:

- Mark-Rothko-Kunstzentrum: *rothkomuseum.com/en*
- Schnapsmuseum: *smakovka.lv/eng*
- Munitionsfabrik: *dsr.lv/visitors* (Reservieren nötig)
- Tourismusinformation: *visitdaugavpils.lv/de*

Hinweise:

- Die Treppen im Schrotturm sind teils eng und entsprechen nicht immer heutigen Sicherheitsstandards, Vorsicht ist geboten.
- Das Blei sollte nicht berührt werden.

Unterkünte:

- Kempingas Zarasai: Camping und Zimmer am Zarasas-See, 20 Minuten südlich der Stadt, Campingküche, Zugang zum See, Picknick- und Feuerplatz; Kauno g. 67, Zarasai 32135, *facebook.com/zarasukempingas*
- Rothko-Museum: Im Museumsgebäude werden zehn stilvolle Zimmer mit TV, Bad und Gemeinschaftsküche vermietet; Mihaila iela 3, Daugavpils 5401, *rothkomuseum.com/en/accommodation*

22. An den Schleifen der Daugava: Diese Aussicht ist Geld wert

Östlich von Daugavpils geht es am Fluss gemächlich zu. Langsam schlängelt er sich durch die Landschaft, die einst den 10-Lats-Schein zierte. Im Dorf der Altgläubigen ist die Zeit lange stehen geblieben.

Vom Turm blickt man auf eine von acht Schleifen, die die Daugava in dieser Region durchfließt.

Ein Flusstal bis zum Horizont, umgeben von Wald und Wiesen: So sah die Daugava auf dem 10-Lats-Schein aus. Das Bild ist nicht der Vorstellungskraft des Künstlers entsprungen, sondern zeigt einen ganz bestimmten Ort. Den gleichen Blick hat man vom Aussichtsturm in Vasargelišķi. Der Turm ist 21 Meter hoch, steht auf einem Hügel oberhalb der Daugava und ist kostenlos zugänglich. Der Ausblick geht auf den sogenannten Rozališķi-Bogen – eine der Kurven, die der Fluss östlich von Daugavpils macht.

Der natürliche Verlauf des Flusses in insgesamt acht Kurven und die Wald- und Wiesenlandschaft ringsum gehören seit 1990 zum Naturpark Daugavas loki. Um den Flussabschnitt in seiner ganzen Länge zu erkunden, gibt es zwei Möglichkeiten: mit dem Fahrrad oder dem Boot. Unter anderem die beiden Campingplätze (siehe Infos) verleihen Kanus, SUPs oder andere Boote, mit denen man Abschnitte der Daugava erkunden kann. Der Fluss fließt hier größtenteils sehr langsam. Der Fahrradweg folgt dem Flussverlauf von Naujene bis Krāslava, ist 35 Kilometer lang und mit blauen Schildern gekennzeichnet. Er beginnt gegenüber vom Heimatmuseum Naujene.

Das Heimatmuseum ist in dem weißen Gebäude direkt an der Landstraße A6 untergebracht, die von Daugavpils nach Krāslava führt. Das ist der richtige Anlaufpunkt für alle, die tiefer in die Kultur und Geschichte der Region einsteigen wollen. Es zeigt auch eine Dauerausstellung zur Natur der Daugava-Schleifen und die Werke der Künstlerin Valentina Zeile aus der Region.

Zum Museum gehört auch ein ethnografisches Gehöft im Dorf der Altgläubigen Slutišķu. Dort unten am Fluss stehen noch eine Reihe von Blockhäusern mit liebevoll ausgearbeiteten Details, wie sie im Slawischen üblich sind. Vielleicht eine Handvoll Familien leben noch hier. Die Altgläubigen sind eine Religionsgemeinschaft, die aufgrund einer Kirchenreform im 17. Jahrhundert Russland verließen oder sogar fliehen mussten. Rund 100.000 soll es heute in Lettland geben.

Grüne Hügel und Blockhäuser: Idylle im Dörfchen Slutišķu

Ein Webstuhl im Haus der Altgläubigen

Slutišķu wurde 1765 erstmals erwähnt. Zu Beginn des 20. Jahrhunderts war es ein lebendiger Ort – mit acht bis zwölf Menschen pro Haus. Aus dieser Zeit stammt das Wohnhaus, das besichtigt werden kann. Es ist aufgebaut und ausgestattet, wie es für die Altgläubigen typisch war: rechts der Wohnbereich mit einem großen Ofen, links die ungeheizten Räume für Scheune, Mühle, Lager und Webstuhl, der nur im Winter genutzt wurde. Der Wohnraum hat eine heilige rote Ecke und eine schwarze oder Frauen-Ecke. In der Scheune werden Werkzeuge ausgestellt, die für die Landwirtschaft mit Pferden genutzt wurden. Fotos im Museum sowie die Tafeln am Picknickplatz daneben erzählen die Geschichten der Familien von Slutišķu.

Da die idyllische Lage und der interessante Einblick ins Leben dieser Minderheit zunehmend Touristen anziehen, gibt es Pläne für weitere Attraktionen, zum Beispiel für ein Kultur- und Informationszentrum. Schon durch den neuen Zeltplatz dürfte Slutišķu nicht mehr lange so verschlafen sein.

Das ethnografische Gehöft gibt einen interessanten Einblick.

Auch ursprüngliche Maschinen und Fahrzeuge gibt es zu sehen.

INFO

Lage: Der Naturpark Daugava loki erstreckt sich von Naujene bis Krāslava über rund 30 Kilometer.

- Der Turm liegt bei Vasargelišķu, GPS: 55.914864, 26.815317
- Das Museum der Altgläubigen ist im Dorf Slutišķu, GPS: 55.913589, 26.885947

Websites:

- Naturpark: *latgale.travel/listing/der-naturpark-daugavas-loki-daugava-boegen*
- Turm: *visitdaugavpils.lv/de/turisma-objekts/vasargelisku-skatu-tornis*
- Altgläubigen-Museum und Heimatmuseum Naujene: *naujenesmuzejs.lv/en/about-museum*

Unterkünfte:

- Kempings Ozianna: idyllisch gelegener Zeltplatz 1,2 Kilometer westlich vom Turm mit sympathischem Besitzer, urige Campküche, Bungalows, Zeltplätze. Verleiht auch Fahrräder und Boote; *viesunamiem.lv/ozianna*
- Kempings Daugava Lokos: Campingplatz 600 Meter nach dem Museum in Slutišķu, Stellplätze, Glampingzelte, Hütten und Ferienhäuser. Verleiht Hottubs und Boote; *daugavaslokos.lv* (Lettisch)

23. Krāslava: Spaziergang zum Fluss und durch den Schlosspark

Am Ende des Regionalparks Daugavas loki kann man auf einem Wanderweg ins Flusstal absteigen oder in der Kleinstadt das Schlossgelände besuchen.

Aussichtspunkt am Wanderweg

Noch bevor man in den Ort hineinfährt, erreicht man eine Sehenswürdigkeit von Krāslava. Der ehemalige Burgberg Adamovas wurde zugunsten der Landstraße aus Daugavpils eingeebnet. An seiner Stelle befindet sich jetzt ein Rastplatz mit einem Aussichtspunkt. Bäume versperren zwar etwas die Aussicht auf die Kleinstadt am Fluss, aber es gibt einen überdimensionierten Stuhl zum Hochklettern für eine bessere Sicht oder ein lustiges Fotomotiv. Die Biegungen der Daugava sollen an einen Stuhl erinnern, was im Lettgalischen krāsls heißt – danach wurde der Ort benannt.

Außerdem beginnt an dem Parkplatz hinter dem braunen Schild der Lehrpfad Adamova. Er wurde 1998 von Studierenden und Dozenten der Universität Daugavpils angelegt und führt durch den wilden Laubwald am Hang, zu einem Aussichtspunkt auf die Daugava, hinab ans Ufer und vorbei an einem großen Findling. Die auch bei Einheimischen beliebte Runde wurde 2021 mit neuen Schildern und Bänken, Treppen und Brücken sowie Holzskulpturen aufgewertet. Mit insgesamt 1,8 Kilometern Länge braucht man nicht allzu viel Zeit einzuplanen, aber sollte sich auf etwas Auf und Ab und einige Treppen einstellen. Wer eine einfachere Variante sucht, kann links im Uhrzeigersinn direkt zum Fluss spazieren, statt rechts auf die Rundwanderung zu starten.

Ein naturbelassener Laubwald

Highlight im Ort ist das Schloss der Grafenfamilie Plater. Von 1729 bis 1920 waren die Ländereien in ihrem Besitz. Sie trieben das damalige Dorf voran und machten es zu einem Handelszentrum. Ende des 18. Jahrhunderts ließen sie das Herrenhaus im Barockstil erbauen, später wurde es klassizistisch umgebaut – doch heute steht das Hauptgebäude leider leer und kann nicht betreten werden. Nichtsdestotrotz lohnt sich ein Besuch des Schlossparks.

Wer ihn von der Pils iela betritt, findet links das ehemalige Haus des Verwalters, in dem die Touristeninformation, ein Souvenirshop mit regionalen und handgemachten Produkten sowie eine Puppenausstellung untergebracht sind. Gegenüber, in den ehemaligen Scheunen und Ställen, hat 2021 das Krāslava Craft Center geöff-

Der erste Blick täuscht: das Schloss wartet auf einen Prinzen, der es wachküsst.

net, wo Künstler und Handwerker traditionelle Kulturtechniken wie Töpfern, Weben, Holzbearbeitung und Kochen am Leben halten.

Zwischen Handwerkszentrum, Restaurant und Schloss befindet sich das Geschichts- und Kunstmuseum in einem Nebengebäude aus dem 18. Jahrhundert. Zu seiner Sammlung gehören mehr als 20.000 Objekte aus der Zeit der Besiedlung bis heute. Außerdem zeigt es die Werke lokaler Künstler. Das Wirtschaftsgebäude gegenüber hat noch keine Bestimmung gefunden. Hinter dem Schloss schließt sich ein Park bis zur Rigas iela an, in dem es unter anderem eine Aussichtsterrasse und eine restaurierte steinerne Grotte zu besichtigen gibt. 2021 wurde ein Waldparcours für Kinder angelegt. Das Schloss aus dem Dornröschenschlaf zu holen, ist ebenfalls in Planung.

INFO

Lage: im Südosten an der weißrussischen Grenze, 44 Kilometer östlich von Daugavpils

- Aussichtspunkt und Wanderweg an der Augusta iela 3A, Krāslava 5601
- Touristeninformation und Schloss an der Pils iela 2, Krāslava 5601

Websites:

- Schloss: *kraslavaspils.lv* (Lettisch, mit interaktivem Plan)
- Audio-Guide (Englisch) unter: *visitkraslava.com/de/audio-reisefuehrer*
- Tourismusinformation: *visitkraslava.com/de*

Hinweise: Anmeldung für Führungen oder Kurse im Handwerkszentrum unter Tel. +371 26348644 oder *amatniecibascentrs@kraslava.lv*.

Unterkünfte:

- Campingplatz Adamova: Zugang zum Wanderweg, Fahrrad- und Bootsverleih, Glamping-Domzelte und Bungalows, Zelt- und Stellplätze; „Strautmale", Adamova, Ūdrīšu pag., Krāslava 5601, *adamova.lv*
- Ferienhäuser: *visitkraslava.com/de/tourismus/schlafen*

24. Nationalpark Rāzna: Roadtrip zum grössten See und den meisten Inseln

Latgale wird nicht umsonst das Land der blauen Seen genannt. Am Weg vom Süden in den noch jungen Nationalpark liegt manch schönes Gewässer, dessen Ufer zum Entspannen einladen.

Mehr als 1200 Seen gibt es allein im Osten Lettlands, kleine im Wald versteckte ebenso wie große mit zahlreichen Freizeitmöglichkeiten an ihren Ufern. Von Süden kommend ist der Sīveri-See das erste Ziel entlang der Route in den nahen Rāzna-Nationalpark. Er ist einer der größeren, hat über 20 Inseln und ist maximal 24,5 Meter tief. Er gilt als besonders sauber, was das Vorkommen bestimmter Nixenkräuter anzeigt, und ist bei Anglern beliebt. Die Ufer sind größtenteils unbewohnt und bewaldet: Wer Ruhe sucht, wird sie an diesem See also sicherlich finden können. Ein hervorragender Anlaufpunkt zum Baden und Bootfahren ist der Campingplatz Siveri mit eigenem Strand (siehe Infos).

Hat kaum Anwohner, aber klares Wasser und einen schönen Strand: der Sīveri-See.

Rund 25 Kilometer nördlich und bereits innerhalb der Nationalparkgrenze liegt der See Ežezers. Berühmt ist er dafür, mindestens 33 Inseln zu haben – je nach Wasserstand auch mehr. Jedenfalls hält er den Rekord für den inselreichsten See Lettlands. Auf den meisten Inseln wachsen Laubbäume. Als Biotope sind sie für seltene Arten wichtig – und für Besucher hübsch anzusehen. Ein Aussichts- und Badeplatz liegt direkt an der Straße P55, die östlich am See vorbeifährt, bei Ezernieki. Vor lauter Inseln ist zwar die Größe des Sees nicht auszumachen, dafür gibt es Bänke, einen kleinen Spielplatz und ein Volleyballfeld. Auf sandigem Untergrund geht es ins Wasser. Einen weiteren schönen Rastplatz gibt es am Nordufer unter den Eichen von Pilori.

Die Region ist als Land der blauen Seen bekannt.

Noch einmal 20 Kilometer nördlich liegt der Rāzna-See, der auch das Meer von Latgale genannt wird. Man kann das andere Ufer zwar sehen, aber es ist – von Ost nach West – immerhin zehn Kilometer entfernt. Auch dieser See hat zehn Inseln, die im Norden bzw. Westen liegen. Rund 37 Kilometer sind zu fahren, will man ihn mit dem Auto oder dem Fahrrad umrunden. Nur ein Teil der Strecke ist asphaltiert. An vielen Stellen ist das Ufer mit Schilf zugewachsen, aber im Osten gibt es große sandige bzw. steinige Abschnitte, wo das Baden möglich ist. Auch bei Windsurfern ist der See beliebt. In Lipuški im Süden befindet sich das Infozentrum mit einer Ausstellung über den Nationalpark, der erst 2007 gegründet wurde. Außerdem darf sich das Dorf einer riesigen privaten Glockensammlung rühmen. Im Westen schließt sich der kleinere Zosnas-See an, an dem es im gleichnamigen Dorf ebenfalls einen schönen Badeplatz gibt.

Eine Viertelstunde entfernt, am Rand des Nationalparks, hat sich das 2015 eröffnete Landgut Lūznava, erbaut im Jugendstil, zu einem wichtigen Anlaufpunkt für Kunst und Kultur entwickelt. Zudem lässt eine interaktive Ausstellung in Erinnerung an Stanislav Kerbedz, ehemals Bewohner des Herrenhauses, Ingeniuerskunst lebendig werden. Der weitläufige Park mit Wegen und Spielplatz ist Heimat zahlreicher Fledermäuse, denen man mit Ultraschall-Detektoren nachspüren kann.

Der Park am Landgut Lūznava lädt zum Spazieren ein

Einen Blick auf den Rāzna-See und den Nationalpark hatte man eigentlich vom Aussichtsturm auf dem Lielais Liepukalns. Der Hügel ist mit 289 Metern über dem Meer der dritthöchste Lettlands, zusammen mit dem 34 Meter hohen Turm ergab sich die höchste Aussicht des Landes. Aber der Turm wurde demontiert und ein Neubau ist nicht vor 2028 geplant. So lange gilt es, See und Park von unten zu erkunden - zum Beispiel mit einem Segeltörn mit den einheimischen Kapitänen von Buru Guru.

Um den Rāzna-See ist es hügelig

INFO

Lage: im Osten zwischen Krāslava und Rēzekne, Sīveri-See GPS: 56.022872, 27.399641, Badeplatz am Ežezers-See GPS: 56.182275, 27.656935, Eichen von Pilori GPS: 56.187574, 27.607902, Blick über den Rāzna-See GPS: 56.314445, 27.514958, Landgut Lūznava GPS: 56.357806, 27.260736

Websites:

- Nationalpark Rāzna: *tiekamiesdaba.lv/en/protected-areas/razna-national-park*
- Tourismusinformation: *latgale.travel/listing/nationalpark-razna*
- Landgut Lūznava: *luznavasmuiza.lv/startseit*

Unterkünfte:

- Camping Siveri: idyllischer Zeltplatz unter Bäumen mit Strand und Bootssteg, überdachte Camp-Küche und Feuerstellen, bei Kaziņči, *campsiveri.lv/de/anfang*
- Atpūtas vieta Ežezers: Stellplätze, Doppelzimmer im Gästehaus, Bungalows, Sauna am Wasser; bei Krivina, *ezezers.lv/en*
- Überblick: *rezeknesnovads.lv/en/viesiem/naktsmitnes*

25. Rēzekne: Kunstgenuss in der Botschaft von Latgale

Volks- und Hochkultur, Kunst und Kino erwarten Reisende in Rēzekne. Ein modernes Kulturzentrum sowie ein Museum lassen sie die Region besser kennenlernen.

Das Kulturzentrum GORS wird auch die Botschaft von Lettgallen genannt.

Wem nach einigen Tage in der Natur der Sinn nach Kultur steht, der sollte sich Rēzekne vormerken. Obwohl die Stadt in Latgale mit rund 30.000 Einwohnern nicht gerade groß ist, hat sie kulturell einiges zu bieten. Dazu trägt sicher bei, dass sie eine Hochschule hat und es eine Region mit einer reichen Kulturgeschichte ist.

Der Stolz Rēzeknes ist GORS, das neue Kulturzentrum, das auch die Botschaft von Lettgallen genannt wird. So sieht das 2013 eröffnete Gebäude auf den ersten Blick auch aus: staatstragend. Doch man sollte sich nicht von dem kühlen Äußeren täuschen lassen.

Im Inneren verbergen sich zwei Konzertsäle, die eine Akustik von Weltklasse haben sollen. Neben Konzerten finden dort auch Theater- und Tanzaufführungen statt. Es lohnt sich also, den Event-Kalender vor der Reise zu durchstöbern. Im Sommer wird auch die Dachterrasse für Veranstaltungen genutzt.

GORS bietet zudem eine Gelegenheit für alle, die Lust auf Kino haben: Viele Filme, vor allem Blockbuster, werden auf Englisch gezeigt (mit lettischen und/oder russischen Untertiteln). Des Weiteren gibt es ein Café und im Erdgeschoss wechselnde Kunstausstellungen sowie eine Touristeninformation.

Während sich GORS vorgenommen hat, Tradition mit internationalen Trends und moderner Kunst zu verbinden, widmet sich das Kulturhistorische Museum der Geschichte und traditionellen Kulturtechniken. Auf dem Weg von einen zum anderen wird man an

Im Erdgeschoss gibt es regionale, moderne Kunst zu sehen.

Vor dem Kulturhistorischen Museum

„Māra" vorbeikommen, dem Freiheitsdenkmal an der Atbrīvošanas-Allee, das seit seiner Enthüllung 1939 zweimal von den sowjetischen Besatzern entfernt und wieder aufgestellt wurde. „Vienoti Latvijai" steht auf dem Sockel – „Vereint für Lettland". Māra ist die lettische Göttin der Fruchtbarkeit, vergleichbar mit Mutter Erde.

Vor dem Kulturhistorischen Museum – nach dem Platz das zweite Haus auf der rechten Seite – wird man von einem freundlich lächelnden Mann begrüßt, der ein Buch in der Hand hält. Diese Statue stellt den 2007 verstorbenen Antons Kūkojs dar. Er war Dichter, Dramatiker und Maler und hat sich um die Region mit Gedichten in Latgalisch und Bildern hiesiger Landschaften verdient gemacht. Zudem soll er ein

Die Māra, Freiheitssymbol an der Hauptstraße der Stadt

Mensch mit viel Humor und bekannt für seine Mappe gewesen sein, weshalb sie neben ihm auf der Bank steht. Angeblich hilft es sie zu berühren, damit eigene Lebenspläne wahr werden.

Im Museum dahinter kommen alle auf ihre Kosten, die sich für Keramik interessieren. Die Keramik aus Latgale ist nicht nur in Lettland berühmt. Neben der großen Sammlung von Gefäßen aus verschiedenen Zeiten zeigt die Ausstellung mit dem Titel „Das Wunder erschaffen aus Ton und transformiert vom Feuer“ das Leben der Töpfer von der Werkstatt bis zum Markt. Sie kann auch online besucht werden (siehe Infos). Die Geschichte der Stadt durch sieben Jahrhunderte, ihre berühmten Söhne und Töchter sowie das Rēzekne von heute sind die Themen der zweiten Ausstellung im 2010 erweiterten Haus.

INFO

Lage: im Südosten, 90 Kilometer nordöstlich von Daugavpils, 25 Kilometer nordwestlich vom Rāzna-See

- GORS: Pils iela 4, Rēzekne 4601
- Kulturhistorisches Museum: Atbrīvošanas aleja 102, Rēzekne 4601

Websites:

- Tourismusinformation: *visit.rezekne.lv*
- GORS: *latgalesgors.lv/en*
- Museum: *rezekne.lv/latgales-kulturvestures-muzejs-2*

Aktivitäten: Töpfertage im April, alle zwei Jahre Kunst- und Musikfestival im Mai, alle zwei Jahre Ethno-Festival im Juli, alle zwei Jahre Theaterfestival im September

Hinweis: Die Töpferausstellung kann auch virtuell besucht werden: *futureofmuseums.eu/virtual-gallery/latgale-culture-and-history-museum-collections*

Unterkünfte:

- Camperpark Rēzekne: Campingplatz mit Spielplatz, Hüpfpark, Open-Air-Kino und mehr am Kovšu-See, rund ein Kilometer südlich von GORS; Ezera iela 9b, Rēzekne, *camperpark.club*

26. Gulbene bis Alūksne: mit der Bahn von Museum zu Museum

Zwischen Gulbene und Alūksne verkehrt die einzige Schmalspurbahn im Baltikum, die noch regulär fährt. In den Bahnhöfen gibt es Wissenswertes zu Technik und Geschichte der „Bānītis", dem Bähnchen.

„Nur" 33 Kilometer lang ist die Bahnstrecke zwischen Gulbene und Alūksne, aber eine Fahrt dauert fast anderthalb Stunden. Ein Ausflug mit der Schmalspurbahn ist also etwas für alle, deren Reisemotto „Entdecke die Langsamkeit" lautet – und natürlich für Bahnfans. Zweimal täglich verkehren die Dieselloks und Waggons aus den 1960er- bis 1980er-Jahren zwischen den Kleinstädten. Unterwegs halten sie in den Dörfern Stameriene, Kalniena und Umernieki sowie bei Bedarf in Birze, Pūriņi, Dunduri, Paparde und Vējiņi. Wer von Gulbene startet, kann eine Stunde später oder am Abend nach 5,5 Stunden zurückfahren. In jedem Fall bleibt

Am Bahnhof in Gulbene werden die historischen Loks der Bahn im Depot wieder fitgemacht.

Zeit fürs Museum im Bahnhof Alūksne. Andersrum hat man keine Wahl: Nach 75 Minuten fährt der letzte Zug von Gulbene nach Alūksne zurück. An manchen Samstagen zwischen April und Dezember zieht die Dampflok Ferdinand – 1951 in der damaligen Karl-Marx-Stadt hergestellt – die Waggons.

Ursprünglich fuhr die Schmalspurbahn die ganzen 210 Kilometer von Stukmaņi bei Jēkabpils bis Valka an der Grenze zu Estland. Die Strecke mit einer Spurbreite von 750 Millimetern wurde 1903 in Betrieb genommen. Doch schon 13 Jahre später wurde der südliche Abschnitt bis Gulbene für die militärische Nutzung auf breite Schienen umgebaut. Ab den 1970ern wurde der nördliche Streckenabschnitt schrittweise geschlossen. Doch in den 1990ern folgte der Entschluss, die Strecke Gulbene-Alūksne weiter zu betreiben. Heute ist die Schmalspurbahn für die Anwohner Teil des öffentlichen Nahverkehrs und für Touristen ein Erlebnis. Die Fahrt geht durch Wälder und Wiesen und in den Bahnhöfen am Anfang und Ende warten sehenswerte Ausstellungen.

Das Bähnchen hält zweimal täglich in Alūksne.

Im Bahnhof von Gulbene gibt es ein pädagogisches und interaktives Zentrum namens „Dzclzceļš un Tvaiks" (Eisenbahn und Dampf). Dort können Kinder und Erwachsene an rund 30 interaktiven Stationen, zum Beispiel mit Modellbahnen, lernen, wie Zugverkehr funktioniert: Wie gelangen die Lokomotiven am schnellsten ins Depot? Wie funktioniert ein Dieselmotor? Die Antworten bekommt man durch Ausprobieren. Im Zentrum gibt es auch eine Spielecke für kleinere Kinder und einen Souvenirladen. Gegenüber vom Bahnhof liegt das Depot der Schmalspurbahn mit einem Ringschuppen und Werkstätten, durch das Führungen angeboten werden.

Im ehemaligen Gepäckschuppen gibt es heute viel zu entdecken.

Am Bahnhof von Alūksne gibt es seit 2018 ein Museum – und zwar ein preisgekröntes: „Alūksnes Bānīša stacijas" (Bahnstation von Alūksne). Im ehemaligen Gepäckschuppen wurde die Atmosphäre des alten Bahnhofs mit Transportkisten wiedererweckt, zugleich wartet jede Menge moderne Technik auf die Besucher. In zehn angedeuteten Abteilen kann man es sich mit einem Tee gemütlich machen und Videos anschauen über die Streckenabschnitte, die Anwohner und Mitfahrer des Bähnchens. Technische und historische Fakten erfährt man auch. Dank Virtual-Reality-Brille kann man sogar selbst im Führerhaus einer fahrenden Lok stehen. In all den Einrichtungen spürt man: Eine Selbstverständlichkeit ist die Schmalspurbahn nicht.

Werbung mit Charme am Bahnhof Alūksne

INFO

Lage: im Nordosten

- Bahnhof und Touristeninfo Gulbene: Dzelzceļa iela 8, Gulbene 4401
- Depot auf der anderen Seite der Gleise: Viestura iela 16G, Gulbene 4401 (siehe Unterkünfte)
- Bahnhof und Museum Aluksne an der Jāņkalna iela 52, Alūksne 4301

Websites:

- Schmalspurbahn: *banitis.lv*, Flyer: *banitis.lv/pdf/deu.pdf*
- Tourismusinformation Gulbene: *visitgulbene.lv/sakums-de*
- Tourismusinformation Aluksne: *visitaluksne.lv/en*

Hinweis: Für Übernachtungen, Fahrten mit der Dampflok und Führungen mit Draisinenfahrt Kontakt unter: Tel. +371 64473037 oder +371 20228884, *info@banitis.lv*.

Aktivitäten: Feste an der Strecke zu Ostern, am ersten Samstag im September, am Martinstag und zu Weihnachten.

Unterkünfte:

- Gästehaus Depo: Übernachten im Waggon oder den Zugfahrerunterkünften, Zelt- oder Wohnmobilplatz im kleinen Garten, Viestura iela 16G, Gulbene 4401, *depo.banitis.lv/eng*
- Bahnhofshotel: schickes Bed&Breakfast in einem Jugendstilgebäude in Bahnhofsnähe; Jāņkalna iela 51, Alūksne 4301, *bahnhofshotel.lv/en*

27. Im Umland der Bahnstrecke: bei den Bibern in Jaunanna und am Schloss Stāmeriena

Im ländlichen Vidzeme zwischen Gulbene und Aluksne sind Highlights versteckt, die man nicht links liegen lassen sollte: ein Schloss wie aus einem Märchenfilm und ein wildes Flusstal in einem Kreativwald.

Die Kirche des Heiligen Alexander Newsky spiegelt sich nach einem Regenschauer.

Beim ersten Blick auf Schloss Stāmeriena kann man nicht anders als überrascht sein: Mit seinen Türmchen und Zinnen, der weißen, verschnörkelten Fassade und dem Schlosspark scheint es mitten aus einem kitschigen Film entsprungen zu sein. Doch weit gefehlt. Das Herrenhaus im Stil des Neo-Klassizismus steht am Rand eines Dorfes, in dem es trotz der Lage am Stāmeriena-See nur ein paar Plattenbauten, Einfamilienhäuser und ein Restaurant gibt. Doch das Schloss ist erst seit Ende 2019 restauriert und für Besucher zugänglich – es kann sich noch einiges entwickeln. Eine Tourismusinformation wurde im Schloss bereits eingerichtet.

Außerdem ist im Schloss, das der Gemeinde Gulbene gehört, eine Fotoausstellung über die Restauration zu sehen sowie einige prachtvolle Räume, deren Dekoration teilweise erhalten geblieben ist. Das Gut hatte seit dem 19. Jahrhundert der Familie des Barons von Wolf gehört. Deren ursprüngliche Burg wurde 1905 niedergebrannt und in neuem Stil wiederaufgebaut. Nach dem Zweiten Weltkrieg wurde es als Landwirtschaftsschule genutzt. Die Geschichte wird abends als Multimediashow an der Nordfassade des Gebäudes gezeigt und ist als Exit-Spiel (auf Englisch) erlebbar.

Außer aufs Schloss sollte man auch einen Blick auf die russisch-orthodoxe Kirche des Heiligen Alexander Newsky werfen, die 400 Meter weiter am Ufer des Stameriena-Sees steht. Sie gilt nicht zu Unrecht als eine der prachtvollsten Kirchen der Region. Nicht weit davon entfernt gibt es am Ufer auch eine Badestelle.

Schloss Stāmeriena ist inzwischen fertig renoviert.

Biber leben im wilden Pededze-Fluss. Ein Naturpfad führt durch den angrenzenden Wald.

Das Königreich der Biber – so der Name des empfehlenswerten Naturpfads in Jaunanna, 20 Minuten nördlich von Stāmeriena – ist das Flüsschen Pededze. Es fließt durch das idyllische Dorf und in vielen Schleifen durch den angrenzenden Naturpark. Das Gebiet soll weitgehend unberührt geblieben sein und eine Vielzahl seltener Pflanzenarten beherbergen. Die Gemeinde erklärt, dass aufgrund der steilen Ufer keine Überschwemmungen und Sümpfe am Pededze entstehen und Dämme nicht überlaufen können. Das und genügend Holz ringsum scheint den Bibern zu gefallen, die zahlreich im Flusstal leben. Angenagte und gefällte Bäume und Dämme im Fluss zeugen davon. Die größten Chancen, die Tiere zu sehen, hat man morgens und abends – mit viel Geduld.

Selbst wenn die pelzigen Nager nicht auftauchen, ist der rund einen Kilometer lange Naturpfad „Bebru valstībā" kein bisschen langweilig. Er beginnt und endet an einer Brücke am Rastplatz des Ortes, wo es Spielgeräte, Feuer- und Picknickplätze sowie eine Bühne für Freiluftveranstaltungen gibt. Links und rechts des Weges gibt es immer wieder kleine und größere Kunstwerke zu entdecken. Die Bauten und Gestalten, oft aus Naturmaterialien, machen nicht nur Kindern Freude. Was es zu sehen gibt, ändert sich ständig. So hat zum Beispiel der Jugendclub des Dorfes einen 25 Meter langen „Weg der Sinne“ auf dem Naturpfad angelegt, den man barfuß gehen kann.

Figuren, Schnitzereien und einen Barfusspfad hat der Naturweg zu bieten.

INFO

Lage: im Nordosten

- Stāmerienas pils (Schloss): am gleichnamigen See, Vecstāmeriena, Stāmerienas pagasti 4406 (GPS: 57.215682, 26.900441)
- Naturpfad am Rand des Dorfs Jaunanna (GPS: 57.28208, 27.076600)

Websites:

- Schloss: *stamerienaspils.eu/lv*
- Gemeinde: *jaunanna.lv*
- GPX-Dateien der Wanderwege: *visitaluksne.lv/en/visit/jaunannas-dabas-taka*

Unterkünfte:

- Atpūtas Komplekss Sonāte: Gasthaus mit Restaurant und Zimmervermietung in der Nähe des Schlosses; Vecstāmeriena, Stāmerienas pagasts 4406, *visitgulbene.lv/de/kur-paest/atputas-kompleksa-sonate-kafejnica*

28. Am Alūksne-See: Wo die Brücke singt und die Glückseichen wachsen

Alūksne, ehemals Marienburg, hat nicht nur eine tolle Lage am gleichnamigen See, sondern auch ein hübsches Schloss und ungewöhnliche Sammlungen zu bieten.

Bibeln aus dem 17. Jahrhundert im Museum zu Ehren Ernst Glücks

Ob man nun mit der Schmalspurbahn ankommt (siehe Tipp 26) oder vor Ort übernachtet: Die Kleinstadt Alūksne liefert einem viele Gründe zu bleiben. Das beginnt schon in der Tourismusinformation. In dem Häuschen an der Hauptstraße, der Pils iela, ist auch das kleine Ernst-Glück Bibel-Museum untergebracht. Glück war ein deutscher Pfarrer, der von 1683 und 1689 in Alūksne die Bibel erstmals ins Lettische übersetzte. Die Sammlung umfasst Bibeln in 40 Sprachen sowie Gesangsbücher. Als Glück mit der Übersetzung fertig war, pflanzte er zwei Eichen. Sie stehen noch immer – mit dem Museum im Rücken 600 Meter geradeaus und dann rechts, hinter dem flachen Holzhaus.

In der anderen Richtung die Straße entlang stößt man auf das neogotische Schloss, das im 19. Jahrhundert für Baron Alexander von Vietinghoff erbaut wurde, sowie den großen Schlosspark bis ans Seeufer. Nach dem Ersten Weltkrieg verließ der Baron aufgrund politischer Unruhen das Schloss. Seit 1959 beherbergt es das Regionalmuseum von Alūksne, das sich der Heimatgeschichte widmet und lokalen Künstlern ein Forum bietet. Verschiedene Dauer- und Wanderausstellungen beleben die wechselvolle Geschichte der Stadt und des Neuen Schlosses selbst. An den Wänden sind Malereien erhalten geblieben, die freigelegt und ausgebessert werden konnten, sodass auch die Räumlichkeiten und der Park einen Blick wert sind.

Vor dem Schloss hatte es bereits eine Burg in Alūksne gegeben: die Marienburg aus dem 14. Jahrhundert, die vom Deutschen Orden so genannt, von Deutschen, Russen, Polen und Schweden erobert und schließlich 1702 von Schweden gesprengt wurde,

Die Überreste der Marienburg stehen auf einer Insel im See.

Das Neue Schloss beherbergt das Regionalmuseum

damit sie nicht an die Russen fällt. Ihre Ruine steht noch – auf der Schlossinsel im Alūksne-See, auf die man vom Schlosspark aus über eine Brücke gelangt. 2020 wurde einer der acht Türme wieder aufgebaut. Darin wird eine Licht- und Klangshow gezeigt, die neben der Geschichte der Burg von der Liebe handelt. Gesungen wird in Lettisch, aber das Begleitmaterial ist in Englisch.

Auf der Insel gibt es außerdem einen Spielplatz, Strände mit Umkleidekabinen und eine Tribüne am kleinen Hafen, alles neu und hübsch angelegt. Selbst die Fußgängerbrücke zum anderen Ufer ist ein Highlight. Auf dem ersten Blick eine ganz normale Brücke –

Die musikalische Brücke verbindet Schlossinsel und Tempelberg.

Rotunde auf dem Tempelberg

wäre da nicht plötzlich Musik zu hören. Zu jeder vollen Stunde von 12 bis 24 Uhr werden Lieder abgespielt, etwas kitschig, aber wirkungsvoll. Abends kommt eine Lichtperformance dazu.

Auf der anderen Seite liegt der Templakalna, der Tempelberg. Ein schöner Ort zum Spazieren, mit schicken Sitzplätzen nicht nur für Angler am Ufer und einem Aussichtsturm. Mutige können sich mit einer Zipline den Berg hinabgleiten lassen. Oben auf dem Hügel steht eine Rotunde, die ebenfalls Baron von Vietinghoff bauen ließ, als Ruhmestempel für beide Heeresführer des Nordischen Kriegs.

INFO

Lage: im Nordosten, rund 20 Kilometer von der estnischen Grenze entfernt

- Tourismusinformation an der Pils iela 25A, Alūksne 4301
- zur Insel via Pilssalas iela (GPS: 57.426525, 27.055097)
- Schloss (Alūksnes Jaunā pils): Pils iela 74, Alūksne 4301

Websites:

- Tourismusinformation: *visitaluksne.lv/en*
- Schloss: *aluksnespils.lv*
- Bootstouren: *izbaudialuksni.lv* (Lettisch)
- „Marienburg – der achte Bruder“ (Licht- und Klangshow): *visitaluksne.lv/en/visit/marienburgas-astotais-bralis*

Unterkunft:

- Gästezimmer und Camping Jaunsētas: großes Gelände am See mit Spiel- und Sportplätzen, neuem Café, Doppelzimmer, Hostelbetten, Stellplätze; Katrīnkrasts, Ziemeru pagasts, Alūksnes novads 4300, *visitaluksne.lv/en/visit/jaunsetas*

Im Westen Lettlands

Sturm und Wellen haben die Küste am Kap Kolka geformt.

Im Westen Lettlands

29. Die steinige Küste von Vidzeme: an den Kliffs zwischen Meleki und Tuja
30. Im Norden des Gauja-Nationalparks: die Livländische Schweiz bestaunen
31. Im Süden des Gauja-Nationalparks: zu Fuß und Wasser am Fluss unterwegs
32. Riga: Spaziergang von der Altstadt ins Jugendstilviertel
33. Im Bauch von Riga: Schlemmerei in den Markthallen
34. In den dunklen Häusern von Riga: KGB- und Nazi-Geschichten auf der Spur
35. Bauska und Rundāle: zwei Schlösser und eine Ruine
36. Ķemeri-Nationalpark: von Moorwegen und fast wilden Tieren
37. Am Kap Kolka: Sonnenauf- und -untergang im Meer
38. Kurland: Roadtrip zu zwei Kuriositäten bei Irbene und Valpene
39. Kuldiga: Füße kühlen im breitesten Wasserfall Europas
40. Liepāja: Strände zum Baden und zum Staunen

P1
32
34
A2
34
Zunds
32
33
Riga
Kleine Düna
Düna
A7
A6
A10
Tallinn
Paldiski
Kehra
Keila
Saue
Rapla
Paide
Türi
ESTLAND
Suure-
Jaani
Pärnu
Sindi
Viljandi
Mõisaküla
Rūjiena
Staicele
Biosphärenreservat
Nord-Livland
Ostsee
37
Rigaischer
Meerbusen
29
38
38
Valmiera
Limbaži
30
30
Ventspils
31
Valdemārpils
Saulkrasti
Cēsis
Pilten
Talsi
Ligat
A10
39
Sabile
LETTLAND
36
Kuldīga
Tuckum
Riga
Pāvilosta
Aizpute
Lielvārde
Skrunda
Jelgava
40
Durbe
A9
Saldus
A6
35
35
Aizkraukle
Liepāja
Jēkabpils
Laižuva
Žagarė
Viesīte
Mosėdis
Tryskiai
LITAUEN
Papilys
Durbe
Luoke
Šiauliai
Pumpėnai
Plungė

29. Die steinige Küste von Vidzeme: an den Kliffs zwischen Meleki und Tūja

Der Sand hat eine andere Farbe und große, bunte Steinbrocken liegen am Wasser: Nördlich von Riga gibt es Strände von besonderer Schönheit und mit roten Sandsteinwänden.

Der Sandstein, den Wind und Wellen an der niedrigen Steilküste freigelegt haben, besteht aus Schichten in Orange-, Rot- und Brauntönen. Er bildet kleine Brücken oder teilt sich für Höhlen. Auch der Sand davor hat eine eigentümlich rötlichbraune Farbe. Das erinnert – im ganz, ganz Kleinen! – an die Felsenlandschaft in Utah. Doch wir sind in einer Bucht am Rigaischen Meerbusen, in

Blau, gelb, orange, grün: Farbenspiel an der Sandsteinküste von Veczemju

einer Gegend, die wieder einmal dünn besiedelt und von Wäldern und Feldern geprägt ist. Doch für „Veczemju klintis", den Sandstein von Veczemju, nimmt man sogar die fiese Waschbrettstraße auf der Anfahrt auf sich. Die Felsen, hundert Meter lang, bis zu sechs Meter hoch, liegen am Strand, direkt dahinter im Wald ein Campingplatz.

Entlang der Küste von Vidzeme nördlich von Riga ist es nicht der einzige ungewöhnliche Abschnitt, aber einer der schönsten. Die Farben der Felsen kommen besonders zur Geltung, wenn sie abends die untergehende Sonne anstrahlt. Man muss aber nicht übernachten, um sie zu sehen – nur fürs Parken fallen Gebühren an, der Strand ist für alle Besucher frei.

Erosion bei der Arbeit

Insgesamt ist die „Steinige Küste von Vidzeme“ rund zwölf Kilometer lang – sie reicht von Meleki im Norden bis Tūja im Süden. Neben den Sandsteinwänden zeichnet sich das gleichnamige Naturschutzgebiet, wie der Name schon sagt, durch die bunten Steine aus, die die Eiszeit zurückgelassen und die Brandung rund gespült hat. Man kann sie in ihrer Gänze erkunden, indem man bei ruhigem Wetter am Strand entlang läuft – dort verläuft nämlich ein Teil des Baltischen Küstenwanderwegs. Oder man folgt der Schotterpiste mit dem Rad, die die Dörfer – oft nicht mehr als einzelne Gehöfte – parallel zur Küste verbindet. Die Route ist mit der 101 auf blauen Schildern gekennzeichnet. Unterwegs wird man viele menschenleere, wilde Strände finden.

Im Detail zeigt sich die Vielfalt der Gesteinsschichten.

Ein zweiter Küstenabschnitt mit freigelegtem Sandstein befindet sich südlich von Veczemju, zwischen Siliņi und Ežurgas. Hier gibt es allerdings keine touristische Infrastruktur. Um dorthin zu kommen, kann man die rund fünf Kilometer von Veczemju aus am Strand entlang wandern oder von der Dorfstraße bei Ežurgas einen Weg durch den Wald suchen. Dafür muss man ihn nicht mit vielen Touristen teilen.

Zu den weiteren Zielen gehört auch der Leuchtturm von Ķurmrags, der 1924 gebaut und 1967 bei einem Sturm zerstört wurde. 2005 wurde er von der Klippe ins Meer gespült und steht dort nun als schiefes Gerippe. Ihn erreicht man am besten, indem man von Tūja den Strand nach Norden läuft – das wären rund sechs Kilometer. Um die Hälfte abzukürzen, kann man am großen Park- und Rastplatz „Vasas" das Auto abstellen und ab da der Küste nach Norden folgen. Der Leuchtturm ist nicht zu verfehlen – auch, wenn er weiter wandern sollte.

Blick aus einer Höhle

INFO

Lage: etwa auf halber Strecke zwischen Riga und der estnischen Grenze; Veczemju klintis GPS: 57.583415, 24.368422; Ežurgas klintis GPS: 57.550373, 24.366779; Kurmrags Leuchtturm GPS: 57.541647, 24.362524; Rastplatz Vasas bei Tūja an der Liedaga iela GPS: 57.520540, 24.379160

Websites:
- Steinige Küste: *visitlimbazi.lv/de/erfahrung?1307700249*
- Strandwanderung: *baltictrails.eu/de/coastal/day/29*

Hinweise:
- Der Sandstein kann instabil sein.
- Betreten der kleinen Höhlen auf eigene Gefahr.

Unterkünfte:
- Camping Klintis: Stellplätze und Bungalows im Wald hinter den Sandsteinklippen von Veczemju, Picknicktische und Feuerschalen, dafür sehr einfache Sanitäranlagen; Salacgrīva 4033, *klintis.lv*
- Camping Jūrasdzeņi: direkt am Strand, Wiese für Zelte, Bungalows, Grillbar und Spielplatz; Jūras iela 10, Tūja 4022, *jurasdzeni.lv/lv/about-us* oder
- *visitlimbazi.lv/de/unterkünfte*

30. Im Norden des Gauja-Nationalparks: die Livländische Schweiz bestaunen

Bei Cēsis und in Liepa zeigen die Sandsteinvorkommen der Region ihr vielfältiges Gesicht. Anders als in der Sächsischen Schweiz erwarten den Besucher keine Felstürme, sondern Höhlen und Wände.

Gelb, rot und grau sind die Farbtöne des Sandsteins im Gauja-Nationalpark. Vor hunderten Millionen Jahren entstanden und vor allem durch zahlreiche Bäche und Flüsse freigelegt, gehören sie heute neben dem Gauja-Fluss (siehe Tipp 31) zu den natürlichen

Lielā Ellīte, die „Große Hölle" liegt in einem Park in Liepa.

Steintore sorgen für Fotomotive.

Sehenswürdigkeiten des Parks. Sie sind auch der Grund, dass der größte Nationalpark des Baltikums als Livländische Schweiz bekannt geworden ist. Nach wie vor ändern die Felsen ihr Gesicht, verwitterte Teile brechen ab und legen frische Schichten frei. Sehenswerte Sandsteinklippen und -höhlen gibt es beinahe im gesamten Flusstal – hier werden zwei besondere Beispiele vorgestellt, die an der Route von Nordosten durch den 1973 gegründeten Nationalpark liegen.

Das Städtchen Liepa am östlichen Rand taucht kaum in den Reisetipps auf. Ein Steinbruch, eine Klinkerfabrik, Wohnblocks und eine Eigenheimsiedlung – viel mehr gibt es auf den ersten Blick nicht. Dabei liegt hier, mitten in einem Wäldchen, eine der ungewöhnlichsten Sandsteinformationen: Lielā Ellīte, die große Hölle. Nicht nur, dass die Erosion Steintore und Tunnel geschaffen hat, wie man sie sonst in Lettland nicht findet. Im Hang dahinter liegt auch der Eingang in eine Höhle, in der eine Quelle entspringt. Seit 7000 Jahren ist die Erosion am Werk. Durch einen Einsturz wurde

In der Höhle entspringt eine Quelle.

ein 23 Meter langer und bis zu 3,5 Meter hoher Raum freigelegt. Natürlich ranken sich auch einige Legenden um den Ort, etwa, dass sich der Teufel in der Höhle versteckt hatte und nur ein Pfarrer ohne Sünde ihn vertreiben konnte. Vielleicht wird sie deshalb auch Velna ceplis, der Teufelsofen, genannt. Außerdem wurde der Quelle Heilwirkung zugesprochen. Dass der Ort schon lange bekannt und bedeutsam ist, zeigen die Inschriften im Stein – die älteste ist von 1500.

Rund 20 Minuten Fahrt entfernt, direkt am Fluss Gauja, liegt ein zweites besonderes Sandsteingebiet: Ungewöhnlich aufgrund seiner Größe ist der Ērgļu-Felsen, der als Monolith 700 Meter lang und bis zu 22 Meer hoch ist. Er liegt rund sieben Kilometer nördlich von Cēsis direkt an der Gauja. In dem Sandstein wurden Fische aus dem Devon-Zeitalter und Phosphoritknollen entdeckt. Die sichtbaren (und gelegentlich für Steinschlag verantwortlichen!) Brüche sind Zeugnisse tektonischer Aktivität seit seiner Entstehung vor Millionen von Jahren. Angeblich klingt das Echo, das der Felsen zurückgibt, wie eine Orgel. Daher kommt die Bezeichnung Ērgļu klintis, also Orgelsandstein – aber auch die sprachliche Herkunft von ērgļi, dem Adler, liegt nahe. Vom Parkplatz aus erreicht man den kleinen Strand am Fuß der Wand nach rund 700 Metern. Hält man sich am Abzweig vorher links, gelangt man auf den Felsen, wo eine Aussichtsplattform einen herrlichen Blick über das Flusstal bietet.

Andere Farben und Formen bietet „Ērgļu klintis", der „Orgelsandstein" bei Cēsis.

Toiletten und Picknickplätze stehen für Wanderer bereit. Wer eine längere Runde gehen möchte, hält sich am Aussichtspunkt links und folgt dem Fluss um die nächste Kurve. Am nächsten Wohnhaus links abzubiegen bringt einen nach fast sechs Kilometern zurück zur Zufahrtsstraße.

INFO

Lage: im Norden Lettlands zwischen Valmiera und Cēsis, rund 100 Kilometer nordöstlich von Riga; Lielā Ellīte in Liepa GPS: 57.384355, 25.427699; Ērģeļu klintis bei Pieškalni nördlich von Cēsis GPS: 57.360819, 25.260801

Websites:

- Nationalpark: *entergauja.com/de*
- Tourismusinformation: *visit.cesis.lv/en*

Unterkünfte:

- Gästehaus Lindenhoff: Appartments mit Küche im Herrenhaus von Liepa, geschmackvoll eingerichtet und mit großem Garten; Priekuļu novads, Liepas pagasts, Liepasmuiža 4128, *liepasmuiza.lv/lindenhoff*
- Baumhäuser Mājās Kokos: am Ninieris-See bei Cēsis, Schlafen fünf Meter über dem Boden, Outdoorküche, SUP inklusive; Priekuļu pagasts, Lobēlijas 4126, *majakokos.lv*

31. Im Süden des Gauja-Nationalparks: zu Fuss und Wasser am Fluss unterwegs

Unterwegs zwischen Sigulda und Līgatne stößt man auf eine Höhle mit alten Inschriften, das Urstromtal der Gauja und jede Menge Wandermöglichkeiten – zu Land oder zu Wasser.

Die Gauja lässt sich gut „erfahren", Bootstouren starten etwa an der Fähre in Līgatne.

Die Gauja legt von ihrer Quelle bis zur Mündung in die Rigaer Bucht mehr als 450 Kilometer zurück – fast 100 davon im gleichnamigen Nationalpark. Allein in diesem Abschnitt macht sie 98 Kurven. Der Legende nach verfolgte sie einen Fuchs, weil er aus dem Alūksnes-See getrunken hatte – und der im Zickzack vor ihr weglief. Tatsächlich folgt sie dem Urstromtal, das beim Schmelzen der Gletscher nach der Eiszeit geformt wurde. Bei Sigulda erreicht es seine maximale Tiefe von 85 Metern. Vom Ķeizarkrēsls (Kaiserstuhl) und dem Ķeizarskats (Kaiserblick) sowie vom Gleznotājkalns (Malerberg) kann man das Flusstal überblicken.

Um die Gauja kennenzulernen, ist Kanufahren die Königsdisziplin: Sie hat ein paar Stromschnellen, gilt aber in der Sommersaison als einfach und sicher befahrbar. An den Ufern gibt es regelmäßig

Rastplätze für Kanutouren über mehrere Tage. Auch auf kürzeren Abschnitten, zum Beispiel den 25 Kilometern von Līgatne bis Sigulda oder den 29 Kilometern von Cēsis bis Līgatne, lässt sich ein Eindruck von der Schönheit des Flusstals gewinnen, etwa von den vielen Sandsteinwänden am Ufer. Nicht überrascht darf man sein, wenn plötzlich Flöße komplett mit Bierbänken und Grill an einem vorbeischwimmen – das scheint Tradition auf der Gauja zu sein.

Typisch Gauja: ruhiger Fluss, rote Wände

Start bzw. Ende einer Tagestour ist meist die Fähre in Līgatne. Sie ist auch deshalb eine Erwähnung wert, weil es die einzige Fähre dieser Art im Baltikum ist. Ein Seil hält die Boote in Position und mithilfe der Strömung werden sie ans andere Ufer getrieben (statt flussabwärts). Es gibt sie seit der Nachkriegszeit, denn für die Arbeiter der großen Papierfabrik in der Stadt musste schnell eine Lösung her, nachdem alle Brücken zerstört worden waren. Die Papierfabrik ist inzwischen insolvent (die Tourismusinfo bietet Führungen an), aber die Fähre fährt noch täglich.

Nicht nur für Familien lehr- und abwechslungsreich ist der Wildpark in Līgatne, der verwirrenderweise als „dabas takas", also Naturpfad bezeichnet wird. Tatsächlich kann man in dem Gelände vier bis fünf Kilometer laufen und auch einen Aussichtsturm besteigen, angesichts der Tiere wird das jedoch zur Nebensache. Der Park wurde 1975 eröffnet und hat die Mission, die Besucher mit der lokalen Flora und Fauna bekanntzumachen. Alle Tiere, die in den relativ naturnahen Gehegen leben, sollen verletzt, verstoßen oder bereits gezähmt gewesen sein, als sie aufgenommen wurden. Zu sehen sind unter anderem Eulen, Siebenschläfer und Dachs und auch die größten Säugetiere des Baltikums: Elch und Braunbär.

Die Gūtmaņa ala, die „Gutmannshöhle" ist die größere Variante der Großen Hölle in Liepa.

Im Gauja-Tal bei Sigulda liegt die Gutmannshöhle, die bereits seit dem 17. Jahrhundert Touristen anzieht, wie Inschriften im Sandstein belegen. Es handelt sich um die größte natürliche Höhle des Baltikums. Im Inneren entspringt eine Quelle, die heilende Kräfte haben soll. So kam sie auch zu dem Namen: Vor langer Zeit soll nämlich ein guter Mann in der Höhle gelebt und Menschen mit dem Wasser geheilt haben. Eine andere lokale Legende handelt von einem verbotenen Liebespaar, das sich heimlich in der Höhle traf – bis das Mädchen, ähnlich wie bei Romeo und Julia, lieber starb als einen anderen zu heiraten. Von der Höhle aus kann man sich für kürzere oder längere Wanderwege entscheiden, zum Beispiel die Treppen hoch zu einem Aussichtspunkt oder noch ein Stück weiter durch den Wald zu den Ruinen der Burg Krimuldas.

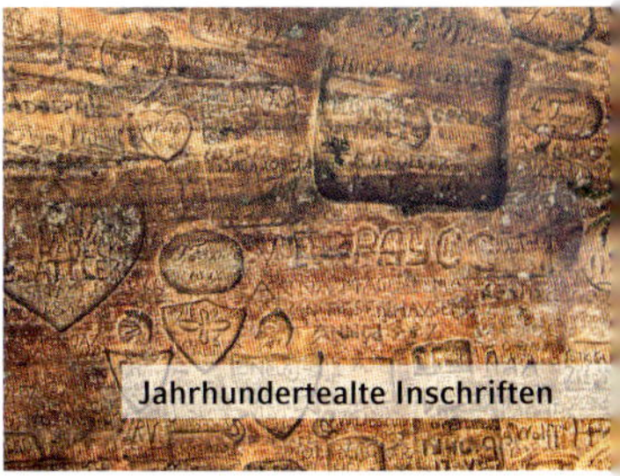

Jahrhundertealte Inschriften

INFO

Lage: 50 Kilometer nordöstlich von Riga; Fähre an der Gaujas iela in Līgatne GPS: 57.254942, 25.044285; Wildpark Līgatnes dabas takas GPS: 57.248441, 25.014342; Gutmannshöhle an der Turaidas iela 2a/P8 in Sigulda GPS: 57.176146, 24.843066

Websites:

- Līgatne: *visit.cesis.lv/en/cesis-municipality/ligatne*
- Wildpark: *ligatnesdabastakas.lv/home*
- Sigulda: *tourism.sigulda.lv/?lang=de*
- Wasserwandern: *entergauja.com/de/enter-gauja/trail-routen/gauja-von-ligatne-bis-ramkalni*

Hinweise:

- Nur ein Teil der Wege im Wildpark ist für Kinderwägen oder Rollstühle geeignet.
- Karten gibt es in der Tourismusinformation vor Ort.
- In der Gutmannshöhle ist es heute verboten, in den Sandstein zu ritzen!

Unterkünfte:

- Campingplatz Makars: Stellplätze für Zelte und Wohnmobile, direkt an der Gauja in Sigulda und Līgatne, verleiht und transportiert Kanus und Partyflöße; Peldu iela 2, Sigulda 2150, *makars.lv/de*
- Camping Žagarkalns: ruhiger Zelt- und Wohnmobilplatz am Fluss mit Feuerstellen und Spielplatz, verleiht Boote, SUP und Fahrräder; Mūrlejas iela 12, Cēsis 4101, *zagarkalns.lv/en/summer*

32. Riga: Spaziergang von der Altstadt ins Jugendstilviertel

Baudenkmäler vom Mittelalter bis ins 20. Jahrhundert prägen das Antlitz von Riga. Der Stadtkern lässt sich problemlos zu Fuß erkunden.

Die mächtige Daugava teilt die Stadt. Die Altstadt konzentriert sich auf das nordöstliche Ufer.

1201 wurde Riga von Bischof Albert gegründet, stieg zur größten Stadt des Schwedischen Reichs im 17. Jahrhundert auf – und ist auch heute noch die größte im Baltikum mit knapp 615.000 Einwohnern. Die historische Bedeutung als Hansestadt, Handels- und Kulturzentrum wird an den zahllosen Prachtbauten sichtbar. In der gut erhaltenen Altstadt könnte man ewig herumschlendern, jede Gasse erkunden und auf den Plätzen in den Cafés sitzen. Diese Route entlang bekannter Sehenswürdigkeiten ist deshalb nur ein Vorschlag.

Wir beginnen am Rigaer Schloss an der nördlichen Brücke über die Daugava, das im 14. Jahrhundert erbaut wurde. Heute ist es der Sitz des lettischen Präsidenten. An den Schlosspark dahinter schließt sich ein kleiner Platz an, von dem aus man in die Altstadt eintauchen kann. Nicht an der weißen Kirche, sondern eine Straße weiter, an der Mazā Pils iela, stehen die Drei Brüder. Das sind drei Wohnhäuser, die sich trotz des Namens nur wenig ähneln – er entstand als Analogie zu den Drei Schwestern in Tallinn. Die Nr. 17 wurde 1490 gebaut, die Nr. 21 im 17. Jahrhundert. Heute beherbergen sie das Lettische Architekturmuseum, das wechselnde Ausstellungen zeigt.

Die Drei – ungleichen – Brüder

Geradeaus und dann rechts gelangt man zum Domplatz mit dem beeindruckenden Gebäude des lettischen Radios und zahlreichen Cafés. Der Grundstein für den Backstein-Dom wurde bereits 1211 gelegt, der Turm wurde jedoch nach einem Brand 1595 neu gebaut. Regelmäßig finden klassische und Orgelkonzerte im Dom statt. Die Walcker-Orgel stammt von 1883 und ist hörens- und sehenswert.

Geht man durch die Gasse an der Rückseite des Doms, an dem kleinen Platz mit weiteren Restaurants vorbei und dann rechts, findet man sich am Rigaer Rathaus wieder. Auf dem Platz davor steht eine Säule von Roland, dem Neffen Karl des Großen, der als gerechter Verwalter galt, und gegenüber das beeindruckende Schwarzhäupterhaus. Man würde nicht vermuten, dass all dies Nachbauten sind – die Originale wurden im Zweiten Weltkrieg zerstört. Das Schwarzhäupterhaus

Roland vor dem Schwarzhäupterhaus

Der Rathausplatz, dahinter die Petri-Kirche

wurde ursprünglich 1334 für Treffen und Feiern der Organisationen der Stadt im Stil der Gotik erbaut. Im 17. Jahrhundert wurde es zum Hauptsitz der Handelsleute, die sich Schwarzhäupter nannten. Zu dieser Zeit wurde die Fassade um barocke Verzierungen ergänzt. Heute dient es nach wie vor für Empfänge, man kann aber auch die mittelalterlichen Keller sowie die rekonstruierten Säle besichtigen.

Links am Schwarzhäupterhaus vorbei und über den kleinen Platz erreicht man die Petrikirche an der Ecke. Vom Turm der mittelalterlichen Kirche kann man die Aussicht auf die gesamte, 1997 ins UNESCO-Weltkulturerbe aufgenommene Altstadt und das neue Riga beiderseits der Daugava genießen. Monatliche Kunstausstellungen und wöchentliche Konzerte laden zudem in die Kirche ein, die im 15. Jahrhundert ihre heutige Gestalt bekam.

Das Freiheitsdenkmal auf dem gleichnamigen Boulevard

Hinter der Kirche stehen die Bremer Stadtmusikanten – die Skulptur war ein Geschenk der Partnerstadt – und häufig Souvenirstände. Der Skārņu iela folgt man nun nach links zurück Richtung Domplatz, biegt aber bei erster Gelegenheit rechts in die Kaļķu iela ab, die zum Freiheitsdenkmal führt: Die Frauenfigur mit den drei Sternen wurde während der Freien Republik Lettland 1935 errichtet. Sie steht mitten im Bastejkalna-Park entlang des Kanals.

Fantasievoll verziert zeigen sich die Häuser im Jugendstilviertel.

Gemütlich linker Hand durch den Park oder auf den Boulevards am Rand spazierend, sind es rund 20 Minuten bis zum Jugendstilviertel. 40 Prozent der Gebäude Rigas stammen vom Beginn des 20. Jahrhunderts. Einige der verspieltesten Fassaden sind an der Alberta iela zu sehen, einen Block vom nordöstlichen Ende des Parks entfernt.

INFO

Lage: in der Mitte Lettlands am Rigaer Meerbusen;

- Rathausplatz an der Kaļķu iela 1A, Riga 1050
- Jugendstilhäuser v. a. an der Alberta iela, GPS: 56.958582, 24.111615

Websites:

- Hansestadt Riga: *hanse.org/de/tourist/riga*
- Tourismusinformation: *liveriga.com/de*
- Architekturmuseum: *archmuseum.lv*
- Dom: *doms.lv/en*
- Schwarzhäupterhaus: *melngalvjunams.lv/en*
- Jugendstil: *jugendstils.riga.lv/eng*

Unterkunft:

- Ferienwohnungen am Jugendstilviertel: voll ausgestattet, für zwei bis vier Personen; Elizabetes iela 8, Riga 1010, *kvartira-v-raionie-modiern.worhot.com/en*

33. Im Bauch von Riga: Schlemmerei in den Markthallen

Kein Besuch der Hauptstadt ist komplett ohne einen Einkauf in den Markthallen. Frischer und vielfältiger könnte das Angebot nicht sein und an Snacks auf die Hand mangelt es auch nicht.

Geräucherter Fisch, Brot so dunkel wie Bitterschokolade, eingelegte Paprika, Milchbrötchen, die wie Pizza belegt werden und Donuts, gefüllt mit süßer Marmelade: Die Genüsse, die einen in den Markthallen von Riga erwarten, sind vielfältig, frisch und günstig. Nicht eine, sondern gleich fünf Hallen stehen voll mit Ständen – und der Platz reicht noch nicht einmal, sodass draußen weitere Verkaufsstände aufgebaut sind. Überall herrscht Betrieb, aber da viele Händler ein ähnliches Angebot haben, gibt es kaum lange Schlangen. Das Einkaufen auf dem großen Zentralmarkt ist für die Einheimischen alltäglich und für Besucher ein Erlebnis.

Einst Zeppelinhallen, heute Zentralmarkt: viel Platz und doch nie genug für die zahlreichen Händler

Eine ganze Markthalle ist Obst- und Gemüsehändlern gewidmet.

Den Centrāltirgus (Zentralmarkt) gibt es bereits seit 1930. Eingerichtet wurde er in ehemaligen Zeppelinhallen, die viel Licht hereinlassen und zum Charme beitragen. Damals galt er als größter und fortschrittlichster Markt Europas. 1997 wurde er zusammen mit der Altstadt in die UNESCO-Weltkulturerbeliste aufgenommen. Heute hat er trotz Konkurrenz durch die Supermärkte (sogar innerhalb der Markthallen!) nichts an seiner Bedeutung für die Riganer verloren. Zwischen 80.000 und 100.000 Menschen besuchen ihn jeden Tag. An mehr als 3000 Ständen wird Essen verkauft. Draußen findet man vor allem Obst und Gemüse, aber auch Blumen, Kleidung, Technik und Souvenirs. Im Frühsommer leuchten überall zwischendrin die weißen Maiglöckchen, die in kleinen Sträußen verkauft werden.

Die Ware ist frisch und meist günstig.

Mariniertes Gemüse zählt zu den regionalen Leckereien.

In den Hallen ist das Sortiment geordnet. Von der Maskavas iela, also vom Fluss kommend, betritt man als erstes die Fischhalle, wo neben Seafood vor allem frischer, gefrorener und zubereiteter Fisch verkauft wird. Nebenan – die Hallen sind bis auf die fünfte miteinander verbunden – geht es mit Obst und Gemüse weiter. Neben lokalen Produkten sind auch exotische Früchte zu finden. Vor allem lohnt sich das Probieren der verschiedenen eingelegten Gemüsesorten, auch diverse Marmeladen und Soßen sind hier zu bekommen. Es folgt der Gastronomie-Pavillon, wo Kochzutaten wie Gewürze und Öle zu finden sind, aber auch Nüsse und Trockenfrüchte, Imkerei-Produkte und Teigwaren. Hier bekommt man auch einen Kaffee und Gebäck dazu, darf aber kein schickes Café erwarten. Weitere dieser kleinen Imbissstände findet man nebenan im vierten Pavillon, wo es außerdem frische Molkereiprodukte und Backwaren gibt, den typischen milden Käse ebenso wie mit Kraut gefüllte Brötchen. Über den Hof gelangt man in die Fleischhalle, wo man vom Würstchen bis zum halben Schwein alles bekommen kann.

Auch Räucherfisch findet sich in den Auslagen.

Die Fleischereien verarbeiten jedes Teil des Tiers.

Wer im Gewusel den Überblick verloren hat: Zwischen den vier parallelen Hallen und der quer dazu stehenden Fleischhalle gibt es einen gläsernen Infopavillon. Dort werden auch Souvenirs und Touren des Zentralmarkts angeboten. Mit einer Tour kommt man in Bereiche, die sonst nicht zugänglich sind, wie die Keller und eine Galerie mit Aussicht auf den Markt. Am Ende gibt es eine Verkostung. Auch verschiedene Reiseunternehmen bieten Touren über den Markt an. Man kann sich aber auch selbst durchschlagen und wird trotz Sprachbarriere die Hallen nicht mit leeren Händen verlassen müssen.

INFO

Lage: südlich der Altstadt, auf der anderen Seite der Bahnlinie; 11 Centrāltirgus iela, Riga 1050

Website: *centraltirgus.lv/en*

Hinweise: Die Anbieter für Touren über den Markt sind auf der Webseite gelistet. Die Marktverwaltung weist daraufhin, dass man sich im Gedränge vor Taschendieben hüten soll.

Unterkünfte:

- Hanza Hotel: modernes Hotel in einem historischen Gebäude mit Spa-Bereich und Restaurant, nur 600 Meter vom Markt, *hanzahotel.lv/en/home*
- Wellton Riga Hotel & Spa: am Rand der Altstadt, 400 Meter zu Fuß, *wellton.com/en/hotels/wellton-riga-hotel-and-spa*

34. In den dunklen Häusern von Riga: KGB- und Nazi-Geschichten auf der Spur

Zwei Ausstellungen widmen sich dem Schindler von Lettland und dem Kapitel KGB in der Hauptstadt. Sie zeigen, dass längst Vergangenes immer noch spannend erzählt werden kann.

Das unscheinbare „Haus an der Ecke" war Sitz des sowjetischen Geheimdienstes KGB.

Während der sowjetischen Besatzungszeit erzählte man sich in Riga einen düsteren Witz: „Welches Haus ist das höchste in Lettland? Das Haus an der Ecke – weil man von hier bis nach Sibirien schauen kann!" Das bei den Einheimischen als „Stūra māja", Haus an der Ecke, bekannte Gebäude in der Innenstadt sieht zunächst aus wie viele: sechs Stockwerke, Balkone, Läden, seit Kurzem eine weiße Fassade. Doch im Inneren gibt es enge Gefängniszellen, vergitterte Innenhöfe und eine geflieste Kammer. Denn es diente ab 1944 der sowjetischen KGB als Hauptquartier. Widerstandskämpfer, vermeintliche Nazi-Kollaborateure oder Antikommunisten wurden heimlich hergebracht, verhört, erschossen oder nach Sibirien verbannt. Nach der Unabhängigkeit nutzte die Polizei das Haus – und die Filmcrew des Wallander-Krimis „Die Hunde von Riga".

Im Innenhof weht nun die lettische Flagge.

Erst 2014, als Riga europäische Kulturhauptstadt war, konnte die Öffentlichkeit das Haus an der heutigen Freiheitsstraße besichtigen. Im Erdgeschoss gibt es seitdem eine Ausstellung über die Geschichte des KGB in Lettland, hierzulande Tscheka genannt, und den Widerstand. Die Führungen durch den Keller wurden zum Besuchermagnet. Das Gebäude steht zwar inzwischen zum Verkauf, ein Besuch ist aber weiter möglich. Die Führungen sind sehr eindringlich und vermitteln einen Blick in ein finsteres Kapitel des Landes, das nicht vollständig aufgeklärt ist.

Von einer mutigen Geschichte aus der deutschen Besatzungszeit handelt das Žanis-Lipke-Memorial auf der Insel Ķīpsala gegenüber der Altstadt: 2013 eröffnet und 2014 mit einem Sonderpreis bei der Wahl zum Europäischen Museum des Jahres bedacht, ist es eines der ungewöhnlichsten Museen der Stadt, architektonisch wie erzählerisch. Es erzählt von der Familie Lipke, die von 1941 bis 1944 mit ihren Helfern

Wie ein Holzschuppen soll das Lipke-Memorial wirken.

Im Keller war das Gefängnis des KGB.

mehr als 60 Juden vor den Nazis versteckte, viele davon in einem Bunker, den der Hafenarbeiter und spätere Lagerist der Luftwaffe Žanis (auch Jānis) Lipke unter seinem Holzschuppen gegraben hatte. Daran will der Neubau aus dunklem Holz – das Originalgelände nebenan wird noch von der Lipke-Familie bewohnt – bildlich erinnern, auch den Bunker gibt es als Nachbau zu sehen. Düster, aber friedlich ist es im ganzen Museum, leise Töne und Klaviermusik untermalen die Geschichten der Beteiligten. Lipke gilt als „Oskar Schindler von Lettland", sein Wirken wurde 2018 unter dem Titel „The Mover" verfilmt. Gegenüber soll in den nächsten Jahren ein „House of Courage" entstehen.

Die Verhörzelle

Beiden Besatzungszeiten, der sowjetischen wie der deutschen, widmet sich das Lettische Okkupationsmuseum, zu dem das KGB-Haus gehört. Der auffallende schwarze Museumsbau in der Altstadt wurde um einen weißen Anbau ergänzt und 2022 wiedereröffnet. Die Ausstellung widmet sich der Geschichte vom Hitler-Stalin-Pakt bis zur Unabhängigkeit, der Unterdrückung ebenso wie der Widerstandskraft der Letten.

Akten gibt es nicht über alle Gefangene.

INFO

Lage:

- KGB-Haus: ein Kilometer nordöstlich der Altstadt, Brīvības iela 61, Riga 1010
- Lipke-Memorial: auf der Insel Ķīpsala, Mazais Balasta dambis 9, Riga 1048

Websites:

- Okkupationsmuseum/KGB-Haus: *okupacijasmuzejs.lv/en*
- Žana Lipkes Memorial: *lipke.lv/en*

Hinweise:

- Das KGB-Haus ist nicht barrierefrei, im Lipke-Memorial nicht alle Bereiche.
- Führungen durch beide Häuser müssen vorab gebucht werden, im Lipke-Memorial gibt es Audioguides.

Unterkünfte: Drei Campingplätze auf der Insel Ķīpsala:

- Camping&Yachts: Stellplätze mit Stadtblick, Matrožu iela 7a, Riga 1048, *campingyachts.lv*
- Riga City Camping: auf Wiese, einfach ausgestattet, Ķīpsalas iela 8, Riga 1048, *rigacamping.lv*
- Riverside Camping: auf der Wiese am Kanal-Ufer, Matrožu iela 12, Rīga 1048, *riversidecamping.lv/en*

35. BAUSKA UND RUNDĀLE: ZWEI SCHLÖSSER UND EINE RUINE

Die Kleinstadt könnte man übersehen, hätte man nur das benachbarte Prunk-Schloss Rundāle im Sinn. Doch auch Bauska hat eine interessante Burganlage.

Bauska liegt direkt an der E67, der Via Baltica zwischen Prag und Tallinn, und hat viele historische Bauwerke: eine Menge Potenzial also. Indes haben Pest, Kriege, Zwangsevakuierung und der Holocaust die Bevölkerung immer wieder dezimiert. Leerstand gehört infolge zum Stadtbild, aber auch Kreativität. Ein Beispiel dafür ist die „Allee der Rosen": Entlang der Rīgas iela vom Platz mit dem restaurierten Rathaus aus dem 16. Jahrhundert zur Baznicas iela wurden die Häuser mit Rosen verziert, 140 Einwohner haben mitgewirkt. Einmalig ist auch die Lage der Kleinstadt: Nördlich fließt die Mēmele, südlich die Mūsa und westlich vereinen sie sich zum Fluss Lielupe, der bei Jūrmala ins Meer fließt.

Auf einem Hügel zwischen zwei Flüssen liegen die Burg und das Schloss von Bauska.

Das Schloss steht auf der Landzunge zwischen den Flüssen. Es besteht aus zwei Teilen: einer Burgruine aus dem 15. Jahrhundert, die einst für den Livländischen Orden die Grenze verteidigen half, und einem Schloss, dass rund 120 Jahre später als Wohnsitz für den Herzog von Kurland erbaut wurde. Im Nordischen Krieg 1706 wurde die Anlage jedoch von russischen Truppen gesprengt. Die Ruinen inspirierten später Künstler der Romantik. Deshalb sollte die Ruine als solche erkennbar bleiben, während das Schloss ab 1976 rekonstruiert wurde mit dem Ziel, originale Teile und Bauweisen zu übernehmen und hervorzuheben.

Der herzögliche Wohnsitz

Für Besucher ist der Turm der Ruine zugänglich. Von ihm hat man einen tollen Blick auf das Schloss und die Flüsse. Im Schloss gibt es seit 1990 ein Museum. Die Dauerausstellungen beschäftigen sich mit seiner Geschichte, Tracht und Schmuck der Herzoge sowie den Verteidigungsanlagen. Dekorierte Räume zeigen, wie das Leben im Schloss während der Renaissance aussah.

Der Turm der Ruine ist zugänglich.

Unterhalb der Ruine liegt der Schlosspark mit einer Bühne für Veranstaltungen. An der Bühne vorbei und über die Brücke gelangt man auf eine Insel zwischen den

Wildromantisch wirkt die Ruine im Schlosspark noch heute.

Flüssen. Davor liegt noch eine Insel, danach gibt es nur noch einen Fluss. Die Einheimischen nennen diesen Ort Ķirbaksala und schrieben ihm früher magische Kräfte zu: Wer im Zusammenfluss badet, soll mit Schönheit gesegnet werden. Das „magische Wasser" wurde sogar in Riga verkauft. Heute ist es ein schöner Ort zum Spazieren und Picknicken.

Das prachtvolle Barock-Schloss Rundāle, nur elf Kilometer entfernt, soll nicht unerwähnt bleiben: Es wird schließlich als „Versailles von Kurzeme" bezeichnet. Im Inneren sind repräsentative Säle ebenso wie die Privaträume von Herzog und Herzogin zugänglich, außen lädt ein französischer Garten mit Rosengarten

Unterhalb des Schlossparks vereinen sich die Flüsse.

zum Flanieren ein. Ausstellungen widmen sich unter anderem dem Leben der adligen Kurländer im 18. Jahrhundert. Schloss und Garten wurden von Francesco Bartolomeo Rastrelli entworfen, dem Hofarchitekt der Kaiserin Anna von Russland. Viele Barock-Bauwerke in St. Petersburg stammen von ihm. Rundāle schuf er für den kurländischen Herzog Ernst Johann von Biron, der ein enger Vertrauter Annas war. Die Baugeschichte ist Thema im Untergeschoss.

INFO

Lage: 20 Kilometer nördlich der litauischen Grenze und knapp 70 Kilometer südlich von Riga

- Parkplatz am Schloss Bauska: Brīvības bulvāris 2A, Bauska 3901
- Schloss Rundāle, Rundāles pagasts, Rundale 3921

Websites:

- Touristeninformation: *visit.bauska.lv/en*
- Schloss Bauska: *www.bauskaspils.lv/en*
- Schloss Rundāle: *rundale.net/de*

Hinweise:

- Tanzen, sich kleiden oder essen wie in der Renaissance – zu diesen Themen bietet das Schloss Bauska Sonderführungen (auf Englisch) an, die jeweils 90 Minuten dauern und vorab gebucht werden müssen.
- Im Sommer finden regelmäßig klassische Konzerte statt.

Unterkünfte:

- Nameji: Zimmervermietung und Campingplatz, sehr ruhige Lage im Grünen, nette Besitzer, Sauna; Elektriķu ciems, Bauska 3901, *visit.bauska.lv/en/objects/stay-organize/accommodations/Place/guest-house-nameji-/*
- Rundale Camping: viel Platz für Zelte und 20 Wohnmobile direkt am Fluss Lielupe, kleine Campküche, Fahrrad- und Kanuvermietung; bei Rundāles pagasts, Krastiņi 3921, *rundalesatputascentrs.lv*
- Übersicht: *visit.bauska.lv/en/objects/stay-organize/accommodations*

36. Ķemeri-Nationalpark: von Moorwegen und fast wilden Tieren

Inmitten des Parks bei Jūrmala liegt ein riesiges Hochmoor mit Tümpeln und feuchten Wiesen soweit das Auge reicht. Ein Spaziergang auf den Holzwegen ist ein Muss.

Früh aufstehen lohnt sich: Sonnenaufgang über dem Großen Hochmoor.

Der Nationalpark Ķemeri ist mit rund 380 Quadratkilometern Fläche nur der drittgrößte Lettlands – aber immer noch größer als die Kanareninsel La Gomera. Er stellt seit 1997 verschiedene Feuchtgebiete unter Schutz, darunter Hochmoore, Feuchtwiesen und -wälder, Quellen und Küstenseen. Sein Symboltier ist der Weißrückenspecht, denn die vom Aussterben bedrohte Art braucht feuchte Laubwälder zum Überleben. Zu den tierischen Bewohnern des Parks zählen außerdem Schwarzstorch, Seeadler, Teichfledermaus, Wolf und Luchs.

Der gleichnamige Ort ist manchen womöglich noch als Kurort geläufig. Vor allem zur Sowjetzeit boomte der Kurtourismus aufgrund der Schwefelwasserquellen und des Heilschlamms. In den

1970er-Jahren gab es zehn Sanatorien, 1985 wurde das Hotel Latvija mit 1200 Betten fertiggestellt. Doch ohne die Touristen aus der Sowjetunion sank die Besucherzahl nach 1990 so rapide, dass die Einrichtungen geschlossen wurden. Leerstand gehört daher zum Straßenbild, doch abgesehen davon ist Ķemeri ein ruhiges Dorf mit einem hübschen Kurpark.

Highlight des Nationalparks ist das Große Hochmoor. Erkunden kann man es auf Holzstegen auf einer kurzen Runde von 1,4 oder einer längeren von 3,4 Kilometer Länge, auf der ein Aussichtsturm steht. Wer denkt, damit das Moor gesehen zu haben, irrt: Der Rundweg führt nur durch einen winzigen Teil davon. Erst geht es für ein paar Minuten durch den Wald, bis die Bäume niedriger werden und den Blick auf feuchte Wiesen und dunkle Teiche freigeben. Ob sich der blaue Himmel im Wasser spiegelt oder im Herbst die Heide blüht: Das Hochmoor ist zu jeder Jahreszeit sehenswert, selbst im Winter lockt es Spaziergänger an. Auf den Holzpfaden kann es eng zugehen, aber da sie wie Einbahnstraßen benutzt werden, kommt man sich nicht zu sehr in die Quere.

Schmale Pfade führen durch die Teich- und Torflandschaft.

Gelbe Schwefelteiche im Hexenmoor

Nicht nur für Fotografen lohnt es sich, bei Sonnenauf- oder -untergang hinzugehen. Vor allem nach kalten Nächten, wenn die aufgehende Sonne den Nebel in oranges Licht taucht, wird der Besuch zu einem unvergesslichen Erlebnis. Die einzige Frühstücksmöglichkeit danach sind süße Teilchen aus dem Top-Supermarkt in Ķemeri oder wochenends die Einkehr in „Annas Mājas Kafejnīca".

Interessant ist auch der Holzpfad zu den Schwefelteichen im Raganu-Moor (dem Hexenmoor) nördlich des Dorfes. Dort riecht es für den einen nach faulen Eiern, für den anderen nach vulkanischer Aktivität. Doch weit gefehlt: Das Schwefelwasser im Nationalpark entsteht durch die Kombination aus Dolomitgestein und Bakterien im Moor. Ihm werden viele heilbringende Eigenschaften zugeschrieben. Der Weg führt durch Wald, in dem im Spätsommer Moosbeeren reifen, und über mehrere kleine Schwefelteiche, die einen gelblichen Grund haben. Hin und zurück sind es 1,6 Kilometer.

Scheue Riesen: Heckrinder

Nicht nur für Kinder spannend ist die Ausfahrt zu den Dunduru-Wiesen auf der anderen Seite des Großen Hochmoors. Dort wird eine große Wiesenfläche von Heckrindern und Konik-

Pferden beweidet. Diese Tierarten sind ans Leben im Freien angepasst und ähneln Auerochsen und Wildpferden. Entlang der Piste und von einem Aussichtsturm kann man sie gut beobachten.

Fast wild leben die Pferde auf den Dunduru-Wiesen.

INFO

Lage: westlich von Jūrmala, von der Küste bis nach Kalnciems im Süden, Parkplatz Moor-Rundweg GPS: 56.916229, 23.463863, Start Schwefelteichweg GPS: 56.965255, 23.469087, Aussichtsturm Dunduru-Wiesen GPS: 56.843210, 23.398969

Websites:

- Nationalpark: *kemerunacionalaisparks.lv* (Lettisch)
- Tourismusinformation: *visitjurmala.lv/en*

Hinweise:

- Wer mit dem Auto nach Jūrmala fahren will, muss vom 1. April bis 30. September eine Gebühr von drei Euro zahlen. Parken ist kostenlos.
- Jūrmala ist bekannt für seine prächtigen Holzbauten und ein guter Ausgangspunkt für den Nationalpark.
- Der Nationalpark rät zu einem Schutz vor Mücken und Zecken.
- Die Holzpfade sind für Fahrräder nicht geeignet.

Unterkünfte:

- Kempings Jūrmalā Neptūns: kleiner, praktischer Campingplatz zwischen dem 2026 renovierten Restaurant und dem Strand; Jaunķemeru ceļš 1, Jūrmala 2012, *facebook.com/restaurantneptuns*
- Hotel Kemeri: kleines Gasthaus im Nationalpark, Zimmer mit Bad und TV, Gemeinschaftsküche; Tukuma street 2, Jurmala 2012, *hotelkemeri.lv/home*
- Weitere Unterkünfte: *visitjurmala.lv/en/plan/accommodation*

37. Am Kap Kolka: Wo die Sonne im Meer auf- und untergeht

Am nördlichsten Zipfel von Kurland treffen die Ostsee und die Rigaer Bucht aufeinander. Bis zur estnischen Insel Saaremaa sind es an der schmalsten Stelle nur 35 Kilometer.

Mindestens eine Stunde fährt man nur durch Kiefernwald, egal, ob man von Ventspils kommt oder aus Riga. Immer weniger Dörfer liegen an der Strecke. Umso passender ist die Auszeichnung, die das Kap Kolka 2019 erhielt: Das Flight Network, ein kanadisches Reiseportal, hat es zusammen mit Journalisten, Bloggern und Reiseveranstaltern auf Platz 20 der „Unberührtesten Strände der Welt“ gewählt. Wer einen Platz im Sand ganz für sich sucht, hat gute Chancen, ihn zu finden.

Sonnenaufgang in der Rigaer Bucht

Zugvögel ziehen über das Meer am neuen Leuchtturm des Kaps.

Der Parkplatz ist nur wenige hundert Meter von der Landspitze entfernt. Dort gibt es ein kleines Besucherzentrum mit hilfsbereiten Mitarbeitern, das Kaffee, Souvenirs und Parktickets verkauft. Im Wald bekommt man im Café Divjūriņas Herzhaftes und Süßes auf einer schönen Terrasse serviert. Auf dem kurzen Fußweg zum Kap, am Funkturm vorbei, passiert man ein steinernes Denkmal. Es wurde 2002 von Ģirts Burvis geschaffen und trägt den (übersetzten) Titel: „Für jene, die das Meer genommen hat". Sobald man auf den Strand hinaus tritt, liegt das Kap vor einem: Hinter den Überresten eines Leuchtturms aus dem 16. Jahrhundert fließen die beiden Meere ineinander. Der „neue", 1884 fertiggestellte Leuchtturm liegt sechs Kilometer entfernt auf einer künstlichen Insel am Ende einer Sandbank. Früher lebten dort Arbeiter je einen Monat am Stück. Im Winter gelangten sie über das Eis hin. Doch heutzutage friert die Ostsee nur noch selten so weit zu.

Oft geht es dafür wild zu. Das sieht man der Küste an: Der Strand östlich vom Kap ist schmal, viele Bäume haben dem Wind nicht standgehalten und liegen im Sand, seit 2005 die Dünen bei einem Sturm weggespült wurden. Westlich ist das

Zwei Meere treffen aufeinander – symbolisch festgehalten in Form zweier Wellen.

Wo die Strömungen an der Landspitze aufeinander treffen, ist aus der Luft zu erkennen.

Bild ein ganz anderes: Der Strand ist breit, das Meer flach. Eine Besonderheit der Lage ist auch, dass man vom Kap Sonnenauf- und -untergang im Meer beobachten kann. Deshalb lohnt es sich, über Nacht zu bleiben. Die vielen Sterne gibt es als Bonus.

Wer mehr Zeit einplant, kann außerdem zu einem Aussichtsturm spazieren. Er liegt 800 Meter westlich vom Kap oberhalb der Dünen, man erreicht ihn vom Strand aus. Vom Turm sieht man zwar nicht das Kap, aber die Leuchtturminsel. Am Parkplatz am Turm beginnt außerdem ein 800 Meter langer Naturpfad durch den Kiefernwald. Vom Kap aus kann man auch in die andere Richtung spazieren: Hinter dem Café vorbei geht ein Weg zur Küste, der ihr nach Süden zum Dorf Kolka folgt.

Wasser und Land am Zipfel von Kurland haben seit dem Jahr 2000 Nationalparkstatus. Ein Naturreservat bei Slītere gab es bereits seit 1923. Während der Sowjetzeit war die Region Sperrgebiet. So sind die Laub- und Nadelwälder, Dünen und Feuchtgebiete schon lange beinahe unberührt geblieben. Moose, Insekten, Amphibien und auch Wolf, Luchs und Elch fühlen sich hier wohl. Im Frühjahr und Herbst ziehen zudem zehntausende Vögel vorbei. Und nicht zuletzt sei erwähnt, dass die Region durch die Liven geprägt ist: eine finno-

Angler haben es sich westlich vom Kap bequem gemacht.

ugrische Minderheit, die eine eigene Sprache spricht und in zwölf Fischerdörfern von Melnsils im Osten bis Lūžņa im Westen lebt. In Kolka an der Hauptstraße gibt es ein kleines Kulturzentrum.

INFO

Lage: im Nordwesten, rund 160 Kilometer nordwestlich von Riga und 84 Kilometer nordöstlich von Ventspils, GPS: 57.756603, 22.600184

Websites:

- Tourismusinfo: *visit.dundaga.lv/de*
- Nationalpark: *tiekamiesdaba.lv/en/protected-areas/slitere-national-park*
- Infos über die Liven: *livones.net* (Lettisch)
- Zentrum am Kap: *kolkasrags.lv/en*

Hinweis: Eine Tankstelle, einen kleinen Supermarkt und gelegentlich Räucherfischbuden findet man im Dorf Kolka, rund zwei Kilometer südlich vom Kap

Unterkünfte:

- Parkplatz am Kap: im Van oder Wohnmobil übernachten; WCs, Duschen und Wifi stehen zur Verfügung
- Saulesmājas: Fass-Häuschen mit Sitzecke, Bett für zwei Personen und separater Toilette am Weststrand, Kolkasrags, Dundaga 3275, *kolkasrags.lv/en/services/accommodation-houses-sun*
- Weitere Unterkünfte in den Dörfern: *visit.dundaga.lv/accommodation/naktsmitnes*

38. Kurland: Roadtrip zu Kuriositäten bei Irbene und Valpene

Diese beiden ungewöhnlichen Sehenswürdigkeiten sind einen Stopp wert - die versteckten Radioantennen bei Irbene und die Pyramide von Valpene.

Manchmal will man ja nur eine Pause vom Fahren damit verbinden, dass man etwas Interessantes zu sehen bekommt, und manchmal steht einem der Sinn nach Straßen, die kaum ein Tourist fährt. Für Menschen, die solche Orte zu schätzen wissen, sind diese beiden Tipps.

Große Teile von Kurzeme, dem östlichen Teil Lettlands, waren zur Sowjetzeit militärisches Sperrgebiet. Dazu gehörte ab 1967 auch Irbene, eine Siedlung der Sowjet-Armee mitten im Wald zwischen

Wenn zwischen Sanddünen eine Radioantenne dieser Größe auftaucht, ist das schon ein schräger Anblick.

Kap Kolka und Ventspils. Ihr Zweck: Die heimliche Überwachung der feindlichen Kommunikation mit Radioteleskopen, genannt „Operation Zvaigznite“ (Sternchen). Dazu bedienten sie sich einer Parabolantenne mit 32 Meter Durchmesser – dem achtgrößten Radioteleskop der Welt – sowie einer halb so großen (RT32 und RT16). Die Anlage blieb unentdeckt. Nach der Unabhängigkeit übernahm die lettische Akademie der Wissenschaft das Gelände.

Heute fühlt man sich bei einer Besichtigung wie in einem Spionagefilm. Eine rissige Betonpiste führt durch Irbene. Die Plattenbauten verfallen zusehends, wenn sie nicht abgerissen worden sind. Dann taucht am Horizont eine riesige Radioschüssel auf. Man kann sie von einem Sandhügel in Augenschein nehmen. Um näher heranzukommen, sollte man eine Führung mit den neuen Nutzern der Anlage buchen: Die Technische Universität Ventspils betreibt vor Ort ein Institut namens VIRAC (Ventspils International Radio Astronomy Centre).

Bei den anderthalbstündigen Exkursionen besucht man die Parabolantennen, eine Ausstellung über die Technik zur Sowjetzeit und bekommt einen der Tunnel zu sehen, die unterirdisch die Anlagen verknüpfen. Führungen sind nur auf Anmeldung möglich (siehe Infos). Die Antennen werden für Forschungsprojekte im Weltall genutzt, auch in Zusammenarbeit mit der ESA (European Space Agency). Sie können Objekte innerhalb und außerhalb des Sonnensystems erfassen, zum Beispiel Asteroiden.

Ob umgekehrt die Pyramide von Valpene aus dem All beobachtet werden kann, ist unklar, aber unwahrscheinlich. Sie ist neun Meter hoch, hat einen Umfang von 50 Metern und besteht aus Feldsteinen. Sie steht am Rand eines Dorfes, in das sich kaum Touristen verirren – und selbst Einheimische müssen die Bedeutung mitunter nachlesen. „Der Ort ist bemerkenswert für seine Seltsamkeit ...", heißt es treffend in einer Google-Bewertung. Der Bildhauer Vilnis Titāns hat die Pyramide 1990 nach einer Idee von Imants Ziedonis geschaffen. Sie soll an das Wirken von Krisjanis Barons, einen ehemaligen Bewohner Valpenes erinnern, der die lettischen Volksgedichte, die „Dainas" gesammelt hat. Er war Lehrer, Schriftsteller und ab 1894 Herausgeber der Dainas in mehre-

Eine Pyramide zu ehren von Krisjanis Barons, Herausgeber der lettischen Nationalgedichte

ren Bänden – wir reden von rund 218.000 Gedichten und Liedern! Er war sogar auf der 100-Lats-Note abgebildet. Das Denkmal hat noch eine Bedeutung: In die Steine sind die Namen von Höfen eingraviert, die es nicht mehr gibt. Ihre Ausrichtung zeigt an, wo die Häuser einst standen. Besucher klettern gern auf die Pyramide, was einfacher aussieht als es ist.

Die Steine tragen Familiennamen.

INFO

Lage: im Inland der Spitze von Kurzeme (Kurland); Radioteleskope bei Irbene nahe der Küste GPS: 57.553125, 21.855685; Pyramide in Valpene GPS: 57.42525, 22.38527

Websites:

- Zentrum für Radioastronomie: *en.virac.eu*
- Pyramide: *visit.dundaga.lv/de/various/pieminekli/70*

Hinweis:

- Führungen zu den Radioteleskopen müssen mindestens drei Tage vorher unter *infovirac@venta.lv* oder Tel. +371 29230818 gebucht werden.
- Das Erkunden der Siedlung Irbene geschieht auf eigene Gefahr! Während einer Führung im Gelände müssen Smartphones in den Flugmodus versetzt werden. Den Anweisungen des Personals ist Folge zu leisten, informiert Virac.

Unterkünfte:

- Pizā Guesthouse & Campsite: 15 Minuten Fahrt von Irbene am Meer, im Dörfchen Miķeļtornis mit dem gleichnamigen Leuchtturm, Zimmer mit oder ohne Bad, Essen möglich, Naturcamping, Sauna; „Viļumi", Miķeļtornis 3601, *piza.lv/en*, *mikelbaka.lv/de*
- Dungagas pils: übernachten im Schloss aus dem 13. Jahrhundert; elf Kilometer nördlich von Valpene; Pils iela 14, Dundaga 3270, *dundagaspils.lv/en*

39. Kuldiga: Füsse kühlen im breitesten Wasserfall Europas

Abseits der Küste liegt im Landesinneren von Kurzeme die Kleinstadt Kuldiga, die neben dem Rekord vor allem eine urige Altstadt vorzuweisen hat.

Blick von der Brücke zum Wasserfall im Venta-Fluss

Nein, Venta rumba, der Wasserfall der Venta, ist nicht hoch, ein bis zwei Meter maximal. Aber im Frühling und Herbst, wenn das meiste Wasser den Fluss hinabfließt, erreicht er eine Breite von 249 Metern – und das ist Rekord in Europa. Aber auch ohne dieses Wissen ist es ein toller Anblick, wenn man nach Kuldiga hineinfährt und links von der Brücke das Flusstal und die weiß schäumenden Kaskaden sichtbar werden.

Danach wird man bemerken, dass es keine moderne Brücke ist, über die man in die Altstadt fährt. Damit hat man schon den zweiten Rekord der Kleinstadt gesehen: Die Backsteinbrücke ist von 1874 und die längste europäische Autobrücke dieser Bauart. Im Ersten Weltkrieg wurden zwei Pfeiler gesprengt und später aus

Beton wieder aufgebaut, auch das Pflaster war zwischenzeitlich verdeckt. In den 2000er-Jahren wurde die Brücke jedoch samt der gußeisernen Lampen rekonstruiert. Von ihr hat man eine schöne Aussicht auf den Wasserfall.

Den sollte man sich aber auch von Nahem anschauen: Im Frühjahr und Herbst kann man mit etwas Glück Fische beobachten, die versuchen den Wasserfall hochzuspringen, um an ihre Laichplätze zu gelangen. Im Sommer kann man unter den Kaskaden baden oder oberhalb herumwaten. An beiden Ufern führen Wege hinab.

Das flache Wasser oberhalb der Kaskaden lädt barfuß zum Erkunden ein.

Wem der Sinn nach einem Spaziergang im Grünen steht, der kann am Ende der Pils iela, auf der Altstadtseite links nach der Brücke, in den relativ neuen Naturweg im Venta-Tal einbiegen. Auf 2,5 Kilometer Länge führt er zur neuen Brücke. Unterwegs gibt es Aussichtsplätze und Sitzbänke. Neben der Pils iela liegt auch der Schlosspark mit dem Heimatmuseum. Es wurde in der 2014 renovierten Villa Bangert untergebracht. Im Inneren sollen die dekorierten Räume an die Zeit vor 120 Jahren erinnern, als der Unternehmer Louis Bangerts und seine Frau darin lebten. Zudem gibt es eine Ausstellung über Kuldigas Entstehung und Entwicklung – und eine wunderbare Aussicht auf den Wasserfall.

Altstadt von Kuldiga: oft unrenoviert, aber mit Charme

Die Pils iela zurücklaufend Richtung Brücke erreicht man den Bach Aleksupīte, der ebenfalls einen kleinen Wasserfall oder eher einen Überlauf hat. Die Mischung aus Gebäuden des 17. und 18. Jahrhunderts, gepflasterten Straßen und dem Kanal ist malerisch. Über die kleine Brücke rechts geht die Baznīcas iela, der man nur zu folgen braucht, um einige der ältesten Bauwerke der Stadt zu sehen oder ein Café zu finden. Viele Häuser sind nicht renoviert, aber sie haben Charme – vor allem die flachen Holzgebäude. So eines ist die Hausnummer 17, wo einst der schwedische König Karl VII. um 1702 übernachtet haben soll. Ein paar Meter weiter, im ältesten Fachwerkhaus, war die herzogliche Hofapotheke untergebracht. Die Nummer 7 ist das älteste Haus der Stadt von 1630. Gegenüber befindet sich das Alte Rathaus mit der Touristeninformation und weiter geradeaus das auffällige Neue Rathaus, 1860 im Stil der Neorenaissance erbaut. Wer sich vor der Touristeninformation links hält und noch einmal links abbiegt, kommt auf der Kalna iela zurück zur Brücke. Wer von Kuldiga kein Bild im Kopf hatte, wird von der Stadt überrascht sein. Sie ist überschaubar, urig und seit 2023 UNESCO-Weltkulturerbe.

INFO

Lage: im Westen Lettlands, rund 100 Kilometer westlich vom Ķemeri-Nationalpark oder 90 Kilometer nordöstlich von Liepāja.

- Historische Brücke mit Blick auf den Fluss an der Baznīcas iela 36, Kuldiga 3301

Website:

- Touristeninformation: *visitkuldiga.com/?lang=de*
- Museum: *kuldigasmuzejs.lv/eng*

Hinweis: Ein Highlight für Gourmets ist die jährliche Woche der Restaurants: *facebook.com/TasteKuldiga*

Unterkunft:

- Gästehaus Ventas Rumba: gleich oberhalb vom Wasserfall, Doppelzimmer, Hostelzimmer, Campingplatz für Zelte und Wohnmobile, Gemeinschaftsküche, Sauna, Einfahrt an der Stendes iela 2, Kundia 3301, *ventasrumba.lv*

40. Liepāja: Strände zum Baden und zum Staunen

Der eine ist ein Urlaubstraum, der andere wie aus einer anderen Welt. Und wer sich zwischendrin Stärkung holen will, findet den zweitgrößten Markt des Landes.

Einmalig: Festungsruinen liegen vor der Küste.

Feiner weißer Sand, 50 Meter breit und acht Kilometer lang: Liepājas pludmale, der Badestrand der drittgrößten Stadt Lettlands, bietet Urlaubern eine Menge Platz für den perfekten Strandtag. Und nicht nur das: Die Blaue Flagge zeigt an, dass es sich um einen besonders sauberen Strand handelt. Die Stadt hat sich zudem vorgenommen, allen den Aufenthalt angenehm zu machen. So gibt es einen Abschnitt an der Rettungsstation, der an die Bedürfnisse seh- und körperbehinderter Menschen angepasst ist. Familien finden Wickelräume, Hundebesitzer Zonen für Spaziergänge und Windsurfer einen eigenen Abschnitt im Meer. Aufmerksame Strandgutsucher können an dem Küstenabschnitt, der parallel zur Altstadt verläuft, sogar Bernstein finden.

Schon im 19. Jahrhundert war Liepāja ein beliebter Kur- und Badeort, den europäische wie russische Adlige schätzten. Aus dieser Zeit stammt der drei Kilometer lange Strandpark mit Teichen, Sport- und Spielplätzen und Cafés. Auch die Villen am Rand des Parks erinnern an diese Zeit des wirtschaftlichen Aufschwungs. Danach hat die wechselvolle Geschichte der Stadt Spuren in ihrem Antlitz hinterlassen: Weil das russische Zarenreich von dem eisfreien Hafen angetan war, baute es die Küste zu einem Kriegshafen um, der von mehreren Festungen umgeben war. Doch schon 1908 galt das als strategischer Fehler: Die Festung wurde gesprengt, die Kanonen nach Kaunas transportiert. Doch die Forts wurden nicht vollständig zerstört. Artilleriebatterien, Pulverlager und unterirdische Gänge existieren bis heute.

Während Bereiche wie das nördliche Fort nur mit Guides zugänglich sind, kann man die Ruinen an der dritten Batterie auf eigene Faust besichtigen. Über einen Dünenweg an einem kleinen Strand vorbei erreicht man einen Küstenabschnitt wie aus einem düsteren Computerspiel: Betonklötze und -gebäude liegen im Meer wie von Riesenhand hineingeworfen. Treppen führen ins Nichts. Das Betreten der Ruinen auf der Steilküste geschieht ausdrücklich auf eigene

Die Verteidigungsanlage wurde gesprengt, aber nicht vollständig zerstört.

Die Innenstadt kann sich einer Markthalle im Jugendstil rühmen.

Gefahr! Im Süden der Stadt gibt es noch ein Fort, das von Gräben umgeben ist und über unterirdische Gänge verfügt. Leider sind diese „Vergessenen Orte" oft vermüllt, aber durchaus interessant.

Die militärische Bedeutung Liepājas war mit dem Teilabriss nicht vorbei: Im Zweiten Weltkrieg wurde die Stadt abwechselnd von der Roten Armee und dem Deutschen Reich besetzt und mehrfach bombardiert. Während der Sowjetzeit wurde der Stadtteil Karosta zum geschlossenen Militärgelände, der Hafen zum Kriegsflottenstützpunkt. Heute ist Karosta ein Viertel, das durch seine Bebauung mit Festungen und Plattenbauten heraussticht. Vom Fort zur Altstadt fährt man hindurch.

In der Altstadt ist der Petermarkt ein guter Anlaufpunkt. Er liegt zentral zwischen der St. Annen-Kirche aus dem 16. und der St. Josefs-Kathedrale aus dem 19. Jahrhundert. Herzstück ist die Jugendstil-Markthalle vom Architekten Ludwig Melville, die 1910 ihre Tore öffnete. Zusammen mit dem Außengelände bildet sie den zweitgrößten Markt Lettlands. Neben Fleisch, Käse, Backwaren, Obst und Gemüse bekommt man auch Beeren und Pilze aus den Wäldern.

INFO

Lage: an der südwestlichen Küste, rund 100 Kilometer nördlich von Klaipėda und 200 Kilometer südlich vom Kap Kolka,

- Markthalle: Kuršu iela 5, Liepāja 3401
- Ruinen an der dritten Batterie GPS: 56.564579, 21.002439
- Südliches Fort GPS: 56.47886, 21.00720

Websites:

- Tourismusinformation: *liepaja.travel/de*
- Führungen und Hotel im Militärgefängnis und Kriegshafen Karosta: *karosta.lv/sakums-1*
- Petermarkt: *petertirgus.lv* (Lettisch)

Hinweise:

- Jedes Jahr im Juni findet in Karosta ein Kunstfestival statt; *karosta.lv/festivals-1*
- Vorsicht beim Bernsteinsammeln! Weißer Phosphor kann ähnlich aussehen, nur heller und krümeliger, entzündet sich aber beim Austrocknen. Stücke sollten deshalb in einer Box, nie in der Hosentasche transportiert werden.

Unterkünfte:

- BB Camping: hübscher Waldcampingplatz an einem See, mit Café, Spa und Glamping; Nähe Karosta/Nordpier, Lībiešu iela 2/6, Liepāja 3414, *bbcamping.lv/en*
- Weitere Unterkünfte: *liepaja.travel/de/planen/unterkunft*

Im Osten Estlands

Im Sonnenaufgang lichtet sich der Nebel über dem Ahja-Fluss.

Im Osten Estlands

41. Rõuge: aus dem Vogelnest ins Urtal blicken
42. Suur Munamägi: den höchsten Berg im Baltikum besteigen
43. Burgruine und Museum Vastseliina: am Ziel der Pilger
44. In den Sandhöhlen von Piusa: Wo die Fledermäuse überwintern
45. Taevaskoda: Pfade in die Sagenwelt am Ahja-Fluss
46. Tartu: von der alten Stadt am Fluss zu den neu belebten Fabriken
47. Alatskivi: Wie im Herrenhaus gelebt und gearbeitet wurde
48. Dörfer und Natur am Peipussee: Roadtrip an der Westküste
49. Im Alutaguse-Nationalpark: auf Holzwegen durchs Moor
50. Die Steilküste von Ontika: Abstieg am höchsten Wasserfall Estlands

Finnischer Meerbusen
Wösso
Kolga
Kunda
Haljala
Kohtla-Järve
Sillamäe
Voka
Kadrina
Kiviõli
Püssi
Jõhvi
Jaanilinn
Aegviidu
Rakvere
Tapa
Käravete
Tamsalu
Tudu
Iisaku
Laekvere
Roosna-Alliku
Koeru
Lohusuu
Sadala
ESTLAND
Mustvee
Oisu
Jõgeva
Võhma
Põltsamaa
Kallaste
Kolga-Jaani
Puurmani
RUSSLAND
Suure-Jaani
Varnja
Viljandi
Tartu
Mustla
Õisu
Elva
Ahja
Karksi-Nuia
Otepää
Põlva
Räpina
Tõrva
Õru
Naukseni
Antsla
Võru
Kārķi
Petschur
Valga
Renceni
Panikowitschi
LETTLAND
Misso
Lawry
Plāņi
Bilska
Ape
50
49
48
47
46
45
44
43
42
41
1
2
3
2

41. Rõuge: aus dem Vogelnest ins Urtal blicken

Im Süden Estlands steht einer der ungewöhnlichsten Aussichtstürme im Baltikum über einer Senke mit sieben Seen. In der Nähe gibt es einen kleinen Sandsteincanyon zu entdecken.

Der Nebel lichtet sich über dem Dorf Rouge unweit der estnisch-lettischen Grenze.

Rõuge ist nicht viel mehr als ein Dorf, aber eines mit einer hervorragenden Lage. In dem Talkessel, durch den die Hauptstraße führt, liegen sieben Seen, gespeist vom Flüsschen Rõuge. Der Suurjärv (deutsch: Großer See) mitten im Ort ist mit 38 Metern der tiefste See Estlands. Das Tal gilt als urzeitlich geformt. Es ist insgesamt zehn Kilometer lang, 52 Meter tief und gehört zum Haanja-Naturpark. Eines der seenreichsten und das höchstgelegene Gebiet Estlands wurde damit 1991 unter Schutz gestellt.

Links vom Turm liegt ein Campingplatz, rechts stehen ursprüngliche Blockhäuser und von dort führt ein Weg zum Großen See ins Tal.

Einen schönen Ausblick auf das Dorf und drei der Seen hat man vom Aussichtsturm „Pesapuu", der oberhalb von Rõuge auf einer großen Lichtung steht. Sein Name bedeutet Nestbaum und so sieht er auch aus: Wie ein Baum, der statt einer Krone zwei Nester trägt. Rund 30 Meter ist er hoch. Auf der Lichtung daneben gibt es noch mehr zu entdecken: Eine Gruppe von Blockhäuschen, die im Sommer für Camps genutzt werden, die sich experimenteller Archäologie widmen und das Leben zur Eisenzeit ausprobieren. Dahinter führt eine neue Brücke über das Ööbikuorg-Tal, das Tal der Nachtigallen, die hier im Frühling brüten und singen, zur Kirche.

Einmal im Vogelnest sitzen

Am Rand der Lichtung steht außerdem eine der typischen Schaukeln Estlands. Hier beginnt der Wanderweg durchs Urtal, der „Rõuge ürgoru matkarada“, der an allen Seen vorbeiführt und zehn Kilometer lang ist. Wer ihn nicht in Gänze erkunden will, kann ihn für eine Runde rings um die drei südlichsten Seen nutzen. Gleich zu Beginn des Weges gibt es etwas Ungewöhnliches zu sehen: zwei hydraulische Widder. Dabei handelt es sich um Pumpeinrichtungen, die mithilfe des Wasserdrucks das Wasser 50 Meter hoch auf die Ebene befördern. Der idyllische Weg führt weiter an Forellenteichen vorbei, über das Flüsschen und dann über die schmale Zufahrt zwischen Liinjärv und Valgjärv. Nach der nächsten Brücke – und mit Blick links auf den Suurjärv – kann man rechts abbiegen, um vorbei am Ööbikuoru Hydro-Werkstattmuseum ins Nachtigallental und zurück zur Lichtung zu kommen.

Klein, aber fein: Estlands einziger Canyon

Am Ende des Urtals bei Nursi stößt man am Kahrila Järv auf den Hinni-Canyon. Dort schlängelt sich der Enni-Bach durch ein enger werdendes Tal zwischen hellen Sandsteinwänden, ein Holzsteg führt hinein und hinaus. Das Tal ist nur 300 Meter lang und 15 bis 20 Meter tief, aber es handelt sich um den einzigen Canyon Estlands. Dass er bei den Esten ein beliebtes Ausflugsziel darstellt, zeigen auch die vielen Einkerbungen im weichen Sandstein. Inzwischen ist es verboten, Einritzungen zu hinterlassen. Der Sandstein stammt aus dem Devon-Zeitalter und ist damit rund 400 Millionen Jahre alt. Der kurze Weg durch den Wald und in den Canyon ist für Familien gut geeignet. An der Zugangsstraße zum Wanderparkplatz endet auch der Urtal-Wanderweg.

INFO

Lage: im Südosten, 18 Kilometer nördlich der lettischen Grenze, 16 Kilometer südlich von Võru

- Turm an der Straße 186/Rõuge-Haanja: Rõuge, Ööbikuoru 1, Tindi, 66298
- Hinni-Canyon an der Straße 134/Sõmerpalu-Mustahamba bei Nursi, 66712, GPS: 57.765277, 26.879383

Websites:

- Touristeninformation: *visitvoru.ee/en*
- gesamter Wanderweg durchs Ur-Tal: *rmk.ee/en/exploring-nature/where-to-go/rouge-primeval-valley-hiking-trail-10-km*
- Täler von Rõuge: *visitestonia.com/de/oobikuorg-dt-nachtigallental-und-die-seen-von-rouge*

Unterkünfte:

- Tindioru Talu: zwei Ferienhäuser und schönes Camping-Gelände direkt neben dem Turm, moderne Duschen, Campküche und Picknicktische; Rõuge vald, Tindi küla, Tindioru 66298, *tindiorutalu.ee*
- Weitere Gästehäuser: *rougeturism.ee/sihtkohad/rouge-oo*

42. SUUR MUNAMÄGI: DEN HÖCHSTEN BERG IM BALTIKUM BESTEIGEN

Großer Eierberg – so heißt der höchste Berg Estlands auf deutsch, der Suur Munamägi. Auf seinem Gipfel steht ein fast 30 Meter hoher Aussichtsturm.

Die Gipfelbesteigung ist kurz und kurzweilig, oben wartet ein Turm.

318 Meter. Mit dieser Höhe müsste sich der Suur Munamägi auch in deutschen Mittelgebirgen nicht verstecken – wäre aber der kleinste unter den jeweils höchsten Bergen. Fürs Baltikum aber ist er eine Hausnummer und sogar der höchste Berg in allen drei Ländern. Tatsächlich erinnert seine Umgebung bei Haanja im gleichnamigen Naturpark an ein Mittelgebirge: Auf kurvigen Straßen geht es durch die Wälder, Langlaufpisten sind ausgeschildert.

Haanja selbst ist nur ein Dorf, hat aber ein großes Ferien- und Sportzentrum. Wo im Sommer Wandern, Inline-Skaten und Fahrradfahren auf dem Plan steht, liegt im Winter das Paradies der Skifahrer und Biathleten. Auf ein, zwei, drei und fünf Kilometer langen präparierten Pisten können Langläufer ihre Runden drehen. Haanja gilt als schneesicherstes Wintersportgebiet in Estland – auch, weil es etwas höher gelegen ist.

Dieser östliche Teil des Haanja-Naturparks (siehe auch Tipp 41) ist hügeliger als der Rest des Landes. Wälder, Wiesen und Seen prägen die Landschaft. Der Suur Munamägi ragt nicht groß heraus, bei der Anfahrt fällt er nicht unbedingt auf. Der kurze Weg vom Parkplatz auf den bewaldeten Gipfel kann aber durchaus als steil beschrieben werden. Rund zehn Minuten sollte man dafür einplanen. Oben steht ein Aussichtsturm, ohne den man nicht über die Bäume schauen könnte. Er wurde 1939 eröffnet, 1969 um eine weitere Etage ergänzt und 2005 renoviert und um ein Café erweitert.

Eine Platte zur Orientierung über den Baumwipfeln

Um die offene Plattform in 29 Meter Höhe zu erreichen, kann man die Treppen oder den Fahrstuhl nehmen. Im Treppenhaus wird man während des Aufstiegs mit Fakten über den Naturpark und Bildern des Turms unterhalten. Oben

Ein paar Höfe und Dörfer, sonst bestimmt Wald die Sicht bis zum Horizont im Südosten.

kann man, bei guter Sicht, etwa 50 Kilometer weit schauen. Zu sehen gibt es einen Teil des nahen Vaskna-Sees, sowie Weiden und Wälder bis zum Horizont.

Wie diese Landschaft entstanden ist, dafür hatten die Esten schon früh eine Erklärung: Es war der Riese Kalevipoeg – der Sohn Kalevs und Lindas und Held des gleichnamigen Nationalepos. Dieser wollte sich zum Schlafen hinlegen, aber ohne Kissen war ihm der Boden zu flach. Also formte er mit seinen Händen Munamägi und legte sich darauf. Doch die Fliegen ließen ihn nicht in Ruhe und so wälzte er sich hin und her, wobei der See Vaskna entstand. Die kleinen Seen Tuuli und Tuhkri im Süden und Westen des Bergs sind seine Fußabdrücke.

Zurück am Fuß des Bergs, neben dem Bio-Café Suur Muna, steht außerdem ein großer gelber Bilderrahmen, der an die Cover des National-Geographic-Magazins erinnert. Hintergrund ist eine Aktion aus den 2010er-Jahren, um die Touristen aus Tartu ins ländliche Südestland zu locken. „Living on the edge" – Leben am

Rand – ist das Motto dazu. 30 Bilderrahmen wurden in der Region aufgestellt, die dazu einladen sollen, Land und Leute kennenzulernen (weitere Orte siehe Link in den Infos).

INFO

Lage: im Südosten, 18 Kilometer südlich von Võru, Munamäe parkla, Haanja 65101, GPS 57.715123, 27.055306

Websites:

- Aussichtsturm: *suurmunamagi.ee*
- Sportzentrum Haanja: *haanjasport.ee*
- Bilderrahmen-Projekt: *visitsouthestonia.com/community/en/destinations*

Hinweis: Der Zugang ist barrierefrei möglich.

Unterkunft:

- Vaskna Turismitalu: gemütliches Bed&Breakfast mit Zeltplatz am Vaskna-See; Plaksi 65135, (zweite Einfahrt links nach dem Parkplatz am Berg), *vaskna.ee*

43. Burgruine und Museum Vastseliina: am Ziel der Pilger

Neben der ehemaligen Bischofsburg Neuhausen – die allein schon spektakulär ist – stehen zwei Museen, die das Mittelalter erfahrbar machen wollen. Es geht um Ritter, Pilger und Wunder.

Vana-Vastseliina ist heutzutage kein Reiseziel, das jeder auf der Liste hat. Im Mittelalter war das anders. Vom 14. bis 16. Jahrhundert war es das Ziel tausender Pilger, denen der Papst 40 Tage Straferlass für begangene Sünden versprach, wenn sie die Bischofsburg Vastseliina (deutsch Neuhausen) besuchten. Jeder wollte die Schlosskapelle sehen, in der sich 1353 ein Wunder zugetragen haben soll: In einer Nacht war plötzlich Musik darin zu hören gewesen, zwei Kerzen hatten sich selbst entzündet und das Kreuz beleuchtet, das frei über dem Altar schwebte.

Auch an der Ruine gibt es einen der gelben Bilderrahmen für Fotos im National-Geographic-Stil (voriger Tipp).

Die Bischofsburg stand von 1273 bis 1702, seither ist sie eine Ruine.

Die Burg wurde bereits 1273 unter der Herrschaft Friedrich von Haseldorps, Bischof von Tartu, auf dem Hügel über dem Piusa-Tal errichtet. 1342 wurde die „Frauenburg" ausgebaut, um die Ostgrenze Livlands zu sichern – am selben Tag begann der Bau der Marienburg in Alūksne (siehe Tipp 28). Durch die Jahrhunderte diente sie mal russischen, mal polnischen, mal schwedischen Herrschern, bis sie im Nordischen Krieg 1702 von den Truppen Peters des Großen zerstört wurde. Deshalb stehen heute nur noch Ruinen. Einer der Türme ist so weit erhalten, dass er mithilfe einer neuen Holztreppe bestiegen werden kann. Es heißt, dass von diesem Turm 1380 ein Pfeil abgeschossen wurde, der den feindlichen Fürsten tötete und so im letzten Moment eine Übernahme verhinderte.

Anstelle der Wunder-Kapelle gibt es eine Freiluftkirche.

Im flachen Gebäude an der Straße, das im 18. Jahrhundert ein Gasthof gewesen sein soll, ist heute neben der Taverne ein Mittelaltermuseum untergebracht. Durch Schaubilder (auch auf Englisch) erfährt man mehr über die Zeiten, als Vastseliina an einer wichtigen Handelsroute lag und über das Reisen an solchen Routen. Nachgestellte Szenen erinnern an das Leben der Ritter, Händler und Alchemisten. Zum Gruseln gibt es eine Folterkammer.

Neueste Ergänzung ist ein Gebäude aus den 2010er-Jahren, das durch seinen modernen Baustil und die rostrote Fassade heraussticht: das Pilgerhaus. Die Ausstellung darin erzählt weit mehr als die Geschichte des hiesigen Wunders. Es geht um das Pilgern an sich, Pilgerwege in Europa sowie die Annehmlichkeiten und Schwierigkeiten, die Pilgern im Mittelalter mit sich brachte. Es sind nur wenige historische Fundstücke zu sehen, aber das Haus ist wie für Pilger eingerichtet – mit Küche, Bad und Betten. Es fehlt nur, dass sich die Tür öffnet und eine Gruppe schnatternder Wanderer eintritt. Heute ist die Bischofsburg wieder Ziel eines estnischen Pilgerwegs. Für die Pilger und Reisenden gibt es eine kleine Kapelle, die von der Straße zugänglich ist.

Schick von außen und innen: das Pilgermuseum

Wer sich im Anschluss die Beine vertreten will, kann neben der Ruine ins Piusa-Flusstal absteigen. Hier beginnt ein 15 Kilometer langer Wanderweg, der zu sehenswerten Sandsteinwänden und alten Mühlen führt. Unterwegs gibt es Picknick- und Zeltplätze. Ein kürzerer Rundweg mit drei Kilometer Länge ist für einen Spaziergang geeignet. Die Fahrradroute am Fluss erreicht nach rund 23 Kilometern Piusa (siehe Tipp 44).

INFO

Lage: im Südosten, rund 20 Kilometer östlich von Haanja oder 27 Kilometer südöstlich von Võru

- Erlebniszentrum: an der Landstraße 182/Vastseliina-Meremäe-Kliima 65254, GPS: 57.729114, 27.361715

Websites:

- Bischofsburg: *vastseliinalinnus.ee/en*
- Fluss-Wanderweg: *rmk.ee/en/exploring-nature/where-to-go/piusa-river-valley-hiking-trail-15-km*
- Fahrradtour nach Piusa: *velovilnius.lt/balticcycle/en/ee4-national-route-no-4*

Hinweise:

- Mitmach-Führungen in der Burg „Leben im Mittelalter" und „Tischsitten im Mittelalter" sowie Workshops auf Anfrage per E-Mail: *kojaulem@vastseliina.ee* oder Tel. +372 58 183 107
- Vastseliina und Piusa (Tipp 44) liegen im Land der Seten, genannt Setomaa. Über dieses Volk, das finno-ugrischen Ursprungs, aber im Gegensatz zu den Esten orthodox ist, informiert *visitsetomaa.ee/en* – mit einem Überblick der Sehenswürdigkeiten und Unterkünfte.

Website:

- Ferienhof Kirsi Talo: liebevoll restaurierter, setischer Bauernhof mit Gästezimmern und Bungalows, mit Frühstück, Camping, Rauchsauna und Fahrradverleih, in Meremäe nach der Schule links, Võrumaa, Meremäe küla 65302, *visitsetomaa.ee/en/accommodation/105/kirsi-farm*

44. In den Sandhöhlen von Piusa: Wo die Fledermäuse überwintern

Von Glasherstellung zur Fledermausheimstatt reicht die Geschichte der Sandsteingänge unter Piusa. Die Wälder darüber sind auch historisch interessant.

Mit einer Führung geht es in die Museumshöhle von Piusa.

Wer sich schon immer gefragt hat, wo das Glas für Geschirr, Deko und Co. in Europa herkam, findet in Piusa eine Antwort. Unter dem Kiefernwald wurde von 1922 bis 1966 per Hand Sand abgebaut, der quarzreich und deshalb gut für die Glasherstellung geeignet ist. Er wurde verpackt und mit Pferden zur nahen Bahnlinie transportiert, später wurde eine Schmalspurbahn bis in die Höhlen gebaut. Übrig geblieben ist ein Netz von 20 Kilometern unterirdischer Gänge, die heute ein Winterquartier für Fledermäuse sind. Bis zu 4500 Tiere wurden gezählt.

2010 wurde ein Besucherzentrum in Piusa eröffnet. Darin gibt es ein kleines Museum zum Bau der Höhlen, zur Nutzung für die Glasindustrie und zur heutigen Bedeutung für die Fledermäuse. Viele der ausgestellten Glaswaren werden einem bekannt vorkommen. Virtuell kann man die scheinbar endlosen Gänge erkunden und künstliche Fledermäuse beobachten.

Glas aus Piusaer Sand

Das Museum und die Höhlen können nur im Rahmen einer Tour besucht werden, für die man etwa eine dreiviertel Stunde einplanen sollte. Die Touren werden auf Estnisch, Russisch und Englisch angeboten. Wer sichergehen will, dass Englisch gesprochen wird, sollte vorher anfragen (siehe Infos). Aber auch ohne Sprachverständnis lohnt sich der Besuch. Dabei wird auch eine 13-minütige Dokumentation im kleinen Kino des Besucherzentrums über die Geschichte der Anlage und die Fledermäuse gezeigt.

Per Hand wurde der Sand abgebaut, übrig sind Gänge und Pfeiler.

Kammmolche leben in der renaturierten Senke am Rand des Abbaugebiets.

Anders als bei den Sandhöhlen von Riezupe in Lettland kann man in Piusa nicht weit hineingehen. Die Tour endet auf einer sandigen Plattform am Eingang der sogenannten Museumshöhle. Man kann von dort in die Gänge hineinblicken, und wer im Spätsommer oder Herbst da ist, kann vielleicht sogar eine der ersten Fledermäuse entdecken. Für alle Herr-der-Ringe-Fans: Die langen Tunnel und Stützpfeiler erinnern ein bisschen an eine winzige Version der Halle in den Minen von Moria.

Höhleneingang am Wegesrand

Ein paar weitere Einblicke erhält man entlang des Rundwegs, der hinter dem Besucherzentrum beginnt und am Parkplatz endet. Er ist etwa 1,5 Kilometer lang, ausgeschildert und führt zunächst an weiteren Höhleneingängen oder durch Einsturz entstandenen Senken vorbei. Aus Sicherheitsgründen ist es verboten, diese zu betreten. Entlang des Lehrpfades geht es aber nicht nur um den Sand, sondern auch um das inzwischen entstandene Schutzgebiet, den typischen estnischen Wald mit seinen vielen Beeren und dicken Moosschichten und die

Tiere, die darin leben. Etwa nach der Hälfte der Strecke erreicht man den Rand einer großen Lichtung, wo der Sand offen zutage tritt. In der Senke davor wurden Teiche angelegt, die eine seltene Spezies beherbergen: Kammmolche. Beim Weiterweg durch den Wald wird man außerdem noch auf künstliche Gräben treffen. Sie wurden im Zweiten Weltkrieg als Schützengräben angelegt. Es sind keine Bauwerke erhalten geblieben, aber sie hinterlassen dennoch einen tiefen Eindruck.

INFO

Lage: im Südosten, rund fünf Kilometer von der russischen Grenze entfernt, 35 Kilometer östlich von Võru

- Besucherzentrum an der Straße 212 in Piusa 64122, GPS: 57.840898, 27.466191

Websites:

- Besucherzentrum: *piusa.ee*
- Tourismusinformation der Umgebung: *visitvoru.ee/en*

Hinweise:

- Workshops (Fledermaus, Sandflasche oder Sandkarte basteln) nach Anmeldung unter Telefon +372 53044120 oder E-Mail an *piusainfo@gmail.com*
- Im Besucherzentrum gibt es auch ein Café, das warme Mahlzeiten und Kuchen serviert. Ein weiterer Imbiss und eine Keramik-Werkstatt liegen in der Nähe, einen Ort Piusa darf man nicht erwarten.

Unterkünte:

- Ferienhaus Hundi Talu: fünf Kilometer östlich von den Höhlen an der russischen Grenze, Blockhaus auf einem Bio-Bauernhof mit Schweinen und Schafen, mit Campingbereich; in Kolodavitsa 64005, GPS: 57.84266, 27.53737, *visitvoru.ee/en/search-data/hundi-turismitalu*
- RMK-Zeltplatz: auf der anderen Seite der Bahnlinie, für maximal vier Zelte, mit Trockentoilette und Feuerstelle; auf der Straße nach Vastseliina unter der Brücke durch und nach links, noch 200 Meter geradeaus (Schild „Lõkkekoht"), GPS: 57.85150, 27.64524

45. Taevaskoda: Pfade in die Sagenwelt am Ahja-Fluss

Ein dunkles, wildes Flusstal und bunte Steilwände erwarten den Wanderer am Taevaskoda-Felsen. Er eignet sich für einen Stopp auf dem Weg nach Tartu oder an den Peipus-See.

Ein Ort, so beeindruckend, dass er nach den Hallen im Himmel benannt wurde, das ist Taevaskoda. Die große und die kleine Halle sind genaugenommen Wände: Sandsteinwände in verschiedenen Rottönen, die im Urstrom-Tal der Ahja stehen. Alle Esten sollen sie wenigstens einmal im Leben besuchen, heißt es. Wenn das kein Grund ist, sich auch als Tourist auf den Weg zu machen!

Die Ahja fließt durch ein wildes Urstrom-Tal mit beeindruckenden Sandsteinwänden.

Wer auf dem Salamaa-Campingplatz (siehe Infos) übernachtet, hat es nicht schwer: Schräg gegenüber von der Einfahrt, am Taevaskoda-Schild führt ein Pfad in den Wald. Nach rund 500 Metern erreicht man das Flusstal. Eine Runde im Uhrzeigersinn von knapp einem Kilometer Länge führt von hier aus an den natürlichen Sehenswürdigkeiten vorbei: Links gelangt man zunächst auf den Felsen entlang zu einer Brücke. Kurz zuvor passiert man die Emaläte. Das ist eine Quelle in einer Höhle, die als Mutter aller Quellen gilt. Manche Esten schwören darauf, das Wasser zu trinken. Am anderen Ufer rechts weiter, kann man nach wenigen Metern das Kleine Taevaskoda sehen – eine 190 Meter lange Felswand aus hellem Sandstein mit einer großen Öffnung, der Jungfrauenhöhle. Weiter dem Ufer folgend erreicht man kurz danach eine Lichtung mit Blick auf das

Die Jungfrauenhöhle

Große Taevaskoda, fast 24 Meter hoch. Über die Brücke rechts davon kommt man zurück an das andere Ufer. Noch 230 Meter weiter nach rechts findet man den Weg zum Campingplatz wieder.

Die Himmelshallen, die Mutterquelle, die Jungfrauenhöhle: Die Namen lassen bereits darauf schließen, wie wichtig dieser Ort im alten Estland war. Taevaskoda soll für Opfergaben und Gebete sowie Volksfeste und Besprechungen genutzt worden sein. Während das Wasser der Quellen als heilsam gilt, soll man die Höhlen der Legende nach nicht betreten oder man riskiert taub, blind oder verrückt zu werden. Noch heute wandern Esten nach Taevaskoda, um Segen für ihre Ehe oder ihre Kinder zu erbitten. Nicht zuletzt wurden hier Szenen für „Die letzte Reliquie" (estnisch „Viimne reliikvia"), einen Kult-Abenteuerfilm von 1970 gedreht. Es kann an Sommerwochenenden also voll werden.

Die Lichtung am Großen Taevaskoda diente einst als Ort für Riten, Feste und wichtige Treffen.

Der offizielle Wanderweg beginnt flussaufwärts am Wanderparkplatz am Damm des Saesaare-Stausees. Oberhalb wird der Fluss Ahja zugunsten der Stromgewinnung angestaut, unterhalb fließt er in seinem wilden Bett im Urstromtal. Er gilt als artenreich und bietet nicht nur Eisvogel und Wasseramsel Lebensraum. An einem Ufer flussabwärts bis zum Taevaskoda, auf der anderen Seite wieder aufwärts legt man rund drei Kilometer zurück. Am östlichen Ufer sind auch einige Treppen zu überwinden.

Eine Karte des Rundwegs findet man online (siehe Infos) und am Parkplatz. Er ist gut ausgeschildert und an den wichtigsten Punkte gibt es Schilder auf Estnisch, Russisch und Englisch. Verdoppeln lässt sich die Runde, indem man beim Großen Taevaskoda weiter flussabwärts wandert – der Weg an der Lichtung geht zunächst vom Fluss weg und führt zur nächsten Brücke bei Otteni, die auch in „Viimne reliikvia" gezeigt wurde. Auf der anderen Seite geht es ufernah zurück.

INFO

Aktivitäten:

- Stausee bei Taevaskoja GPS: 58.115252, 27.047121
- Suur Taevaskoda am Ahja-Fluss GPS: 58.107879, 27.050151

Websites:

- Wanderkarte und aktuelle Infos: *rmk.ee/en/exploring-nature/where-to-go/taevaskodade-hiking-trail-3-km*
- Bootsfahrt: *lonny.ee* (Estnisch)

Hinweise:

- Vom Stausee bis zum Kleinen Taevaskoda ist der Weg barrierefrei (hin und zurück rund zwei Kilometer).
- Im Sommer bekommt man am Parkplatz Souvenirs und Getränke zu kaufen.

Unterkunft:

- Salamaa Camping: schöner Waldcampingplatz mit Außenküche, Sauna, Spielplatz und kleinem Hotel; Taevaskoja tee 32, Taevaskoja 63202, *estcamping.ee/de*

46. Tartu: von der alten Stadt am Fluss zu den neu belebten Fabriken

2024 war die zweitgrößte Stadt Estlands Europäische Kulturhauptstadt. Von der gemütlichen Altstadt bis zum hippen Postindustriekomplex gibt es viel zu entdecken.

2024 war nicht nur am Rathausplatz viel los.

Eine urkundliche Erwähnung im Jahr 1030 und Ausgrabungsfunde von vor 10.000 Jahren machen Tartu locker zur ältesten Stadt Estlands. Bereits 1280 wurde sie in die Hanse aufgenommen. Trotz dem und der praktischen Lage am schiffbaren Emajõgi (jogi heißt Fluss) ist Tartu überschaubar geblieben – mit fast 100.000 Einwohnern eine kleine Großstadt. Rund 15.000 Studenten halten die alte Dame jung. Da Tartu mehrfach zerstört und wieder aufgebaut wurde, hat sie auch kein altes Gesicht: Die meisten Gebäude der Altstadt entstammen dem 19. Jahrhundert, der Epoche des Klassizismus. Ihr schließt sich eine moderne Neustadt an.

Dort beginnt unser Spaziergang. Hinter den Glasfassaden im Zentrum verbergen sich Hotels und Einkaufszentren – beinahe versteckt daneben, am Ufer des Flusses Ema, stehen die Buden des

Das schiefe Kunstmuseum

Marktes. Unter der Autobrücke durch gelangt man zur Markthalle, etwas moderner als die Rigaer Variante (siehe Tipp 33). Nun kann man bis zur Bogenbrücke am Fluss spazieren, links die Treppen hochgehen und steht am Fuß des Rathausplatzes.

Hier gibt es Cafés und Souvenirläden, aber auch ein paar Besonderheiten. Zunächst wird einem der schiefe Turm von Tartu ins Auge fallen – nur, dass es sich dabei um ein Haus handelt und es noch schiefer als das Original in Pisa ist. Das zweite Gebäude auf der rechten Seite ist um 5,8 Grad geneigt, weil die Altstadt auf die sumpfige Flussaue gebaut wurde. Dank Baumaßnahmen sinkt es nicht weiter. Darin ist Tartmus untergebracht, das Museum für moderne estnische Kunst, das vor allem wechselnde Ausstellungen zeigt.

Vor dem Rathaus mit dem barocken Türmchen steht ein Denkmal, das deutlich zeigt, wie sehr diese Stadt ihre Studierenden schätzt: die „Küssenden Studenten" von Mati Karmin. In der Walpurgisnacht werden sie geschmückt und in Tartu regieren die Studenten. Es ist nicht die einzige berühmte

Ein Kuss im Regen

Schriftsteller unter sich

Statue: Wer vor dem Rathaus links durch die Gasse geht, trifft am Rand eines Parks auf „Vater und Sohn" von Ülo Õun und rechts die Straße hoch vor dem Restaurant „Vilde ja vine" auf zwei Wilde: die Schriftsteller Oscar Wilde und Eduard Vilde, die sich in der Fantasie der Skulpteurin Tiiu Kirsipuu getroffen haben.

Die Gasse hoch und nach dem Haus 9 rechts gelangt man auf den Domberg, auf dem früher die Bischofsburg stand. Seit dem 19. Jahrhundert gehört das Gelände zur Universität. Der Weg führt an der Sternwarte vorbei, in der Friedrich Georg Wilhelm Struve Direktor war – Initiator des Struve-Bogens, einer Vermessungslinie von Norwegen zum Schwarzen Meer. Die Sternwarte ist ein Punkt im Bogen, gegenüber steht ein Denkmal für ihn. Vom Domberg hat man auch eine schöne Sicht auf die Altstadt.

Einmalig: Hunderte Gesichter an der Johanniskirche

Nach dem Hügel rechts, unter der Engelsbrücke hindurch finden wir uns auf der Lossi-Straße wieder, die zum Rathausplatz führt. Noch vor dem Rathaus links gelangt man zum prächtigen Hauptgebäude der Universität und weiter zur Johanniskirche, wo die Studentengemeinde ihren Sitz hat. Ihr kann man in den Turm steigen oder die Fassade bewundern: Fast 1000 Terrakotta-Gesichter und Figuren zieren ihr Äußeres und den Innenraum. Auf der anderen Seite der Kirche bringt uns die Fußgängerzone zurück zum Platz.

Das Jahr als Kulturhauptstadt hat natürlich Spuren hinterlassen, zum Beispiel an der Ruine auf dem Domberg. Dort erweckt nun eine Lichtinstallation den Dom nach Sonnenuntergang zum Leben. Ein kultureller Anlaufpunkt liegt am Rand der Innenstadt an der Hauptstraße, rund 20 Minuten entfernt: das Aparaaditehas. Früher Geräte-, heute Kulturfabrik mit Läden, Galerien, Cafés und einem Hof für Events. Einen Hof weiter, zwischen Werkstätten, befindet sich ein besonderes Museum: TYPA, das Zentrum für Druck und Papierkunst. Bei einer Führung (auf Estnisch oder Englisch) lernt man das Papiermachen, Drucksetzen und historische, funktionierende Druckmaschinen kennen. Wer einen Workshop dazu wählt, kann ein Notizbuch bedrucken und binden.

INFO

Lage: in der Mitte Estlands

- Markt an der Soola 10, Tartu 51013
- Rathausplatz: Raekoja plats 1a, Tartu 51003
- Sternwarte und Struve-Denkmal: Uppsala 8, Tartu 51003
- Aparaaditehas: Kastani 42, Tartu 50410
- TYPA-Papiermuseum: im Hinterhof Kastani 48f, Tartu 50410

Websites:

- Tourismusinformation: *visittartu.com/de*
- Markt: *tartuturg.ee* (Estnisch)
- Johannis-Kirche: *jaanikirik.ee* (Estnisch)
- Aparaaditehas: *aparaaditehas.ee/en*
- TYPA: *typa.ee/en*
- Kulturhauptstadt: *tartu2024.ee/en/events-that-will-continue*

Hinweise:

- Workshops im TYPA : Anfrage an *typa@typa.ee*
- Extra-Tipp für Kinder: Ahhaa-Science-Center, interaktives Museum über Natur und Technik; *ahhaa.ee/en*

Unterkünfte:

- tARTu Stays: von Künstlern gestaltete Ferienwohnungen, sehr zentral; Ülikooli tn 1, Tartu 51003, *tartustays.com/de*
- Kiviranna: Ferienhäuser und Campingplatz am Ufer des Võrtsjärv, eine halbe Stunde von Tartu; Suure-Rakke, Urinurga 61113, *kiviranna.ee/en*

47. ALATSKIVI: WIE IM HERRENHAUS GELEBT UND GEARBEITET WURDE

Interessante Ausstellungen und die liebevolle Restauration machen den Gutshof, der an ein Märchenschloss erinnert, zu einem sehenswerten Stopp auf dem Weg zum Peipussee.

Das Herrenhaus Alatskivi im Osten Estlands soll an ein Schloss in Schottland erinnern.

Arved Georg von Nolcken, Sohn zweier adliger baltisch-deutscher Familien, hatte ein genaues Vorbild, als er Ende des 19. Jahrhunderts einen Wohnsitz in Alatskivi bauen wollte: Schloss Balmoral in Schottland. Die ehemalige Sommerresidenz der Queen war um 1850 umgebaut und mit zahlreichen Türmen verziert worden. Zwar ist von Nolckens Schloss deutlich kleiner geworden, aber die Türmchen und der Balkon über dem Eingangsportal erinnern doch stark an das Original. 1885 konnte die Familie einziehen. Nach dem Bauernaufstand von 1905 verließen sie Alatskivi.

Nach aufwendigen Restaurierungsarbeiten von 1999 bis 2011 kann man nun drei Ausstellungen im Schloss besichtigen, für die man anderthalb Stunden einplanen kann. Alatskivi gilt als gutes Beispiel, wenn man einen Einblick gewinnen will, wie die Adligen gelebt haben. Auf zwei Etagen gibt es zahlreiche mit luxuriösen Tapeten und Vorhängen sowie historischen Möbeln und Kaminen eingerichtete Räume zu erkunden. Man darf auch ein wenig hinter die Kulissen schauen, wo versteckte Gänge zum Zimmer des Kindermädchens führen, oder auf den Balkon hinaustreten. Die Geschichte der Gutsbesitzer sowie der Restaurierung werden ebenfalls thematisiert. Die Infotafeln sind auf Englisch, aber auch ohne den Text gibt es viel zu sehen. Eine Führung auf Deutsch ist auf Anfrage möglich.

Im Keller ist eine Ausstellung mit Wachsfiguren über die Bediensteten der Adelsfamilien untergebracht. So bekommt man einen Eindruck davon, wie viele Menschen in den Herrenhäusern beschäftigt waren und welche Aufgaben sie hatten. Karten und Fotos erinnern an andere Gutshöfe im Kreis Tartu, von denen es zahlreiche im 19. Jahrhundert gegeben hatte, bis die Besitzer 1919 durch einen Landbeschaffungsakt enteignet wurden.

Fahrer, Näherin, Köche: Bedienstete übernahmen wichtige Aufgaben im Herrenhaus.

Aufwendig restaurierte Räume

Die dritte Ausstellung ist Eduard Tubin gewidmet, einem Komponisten, der 1905 in Alatskivi geboren und aufgewachsen war. Während des Zweiten Weltkriegs floh er mit seiner Familie nach Schweden und lebte dort bis zu seinem Tod 1982. Zu seinem Werk gehören unter anderem zehn Sinfonien, das Ballett „Kratt", das auf estnischer Folklore beruht, sowie zwei Opern. Fotos, Videos und Aufnahmen seiner Stücke sowie Requisiten vermitteln einen Eindruck seines Schaffens.

Neu hinzugekommen ist eine Töpferwerkstatt im Keller in den ehemaligen Räumen der Diener. Dort kann man dem Töpfer Tanel über die Schultern gucken, Becher, Schalen und andere Keramik erwerben oder selbst eine Tasse töpfern (siehe Infos).

Persönliche Gegenstände der Adelsfamilie

Idyllische Lage am See

Zum Gutshof gehörten ursprünglich mehr Gebäude. Einige wurden restauriert und dienen heute anderen Zwecken (siehe Unterkünfte), im Stall wurde eine Ausstellung über die Adelsfamilie ergänzt. Im Park hinter dem Schloss beginnt ein Wanderweg, der um den „Lossi järv", den Schloss-See, führt und 4,5 Kilometer lang ist. Unterwegs kommt an einem Picknickplatz vorbei.

INFO

Lage: im Osten, 40 Kilometer nordöstlich von Tartu in der Nähe des Peipussees

- Schloss: Lossi 6, Alatskivi 60201

Websites:

- Schloss: *alatskiviloss.ee* (Estnisch)
- Touristeninformation: *visitsouthestonia.com/community/en/destinations/alatskivi-castle-and-sibulatee-region*

Hinweise:

- Keramik-Workshops: nach Anmeldung per E-Mail: *telltanel00@gmail.com* oder Tel. +372 566 69 584
- Discgolf-Anlage (Frisbeescheiben kann man an der Rezeption ausleihen)

Unterkünfte:

- Suiten im Schloss: Vermietung über das Restaurant *visittartu.com/objekt/the-suites-of-alatskivi-castle*
- Bed&Breakfast Sepikoja: in einer alten Schmiede beim Schloss, DZ ohne eigenes Bad, Beauty-Salon im Haus; Hirveaia 8, Alatskivi 60218, *sepamaja.ee*
- Camping Kolkja Puhkeküla: in Gehweite vom Peipussee, vermietet auch Hütten; an der Straße Põllu (Holzschilder), Kolkja küla 60226, *kolkja.ee*

48. DÖRFER UND NATUR AM PEIPUSSEE: ROADTRIP AN DER WESTKÜSTE

Von Zwiebeldörfern bis zu herrlichen Stränden gibt es an Estlands größtem See viel zu entdecken. Einen halben Tag kann man für einen Roadtrip einplanen – mit Badestopp auch mehr.

Dünen, Sand und ewiges Blau: Am riesigen Peipussee fühlt man sich wie am Meer.

Der Peipussee im Osten Estlands ist mit rund 3555 Quadratkilometern Fläche nicht nur der größte im Baltikum, sondern auch einer der größten Binnenseen Europas, fast sieben Mal so groß wie der Bodensee. Dafür ist er nicht all zu tief und wärmt sich im Sommer auf Badetemperatur auf. Strände, zum Teil mit Grill- und Spielplätzen, gibt es zum Beispiel in Kolkja (eher steinig), Kallaste, Meie und vor allem im Norden bei Kauksi, wo man sich dank weichem Sand und Dünen fast am Meer wähnt.

Quer durch den See von Nord nach Süd verläuft die Grenze zu Russland. Die estnische Küste ist dünn besiedelt und eher durch Landwirtschaft als Tourismus geprägt, wobei die Angebote ständig wachsen. Die Esten der Gegend, genannt Kodavere, pflegen ihre eigene Kultur und einen eigenen Dialekt. Russische Kultur kann man vor allem im südlichen Teil erleben. Dort haben sich ab dem 17. Jahrhundert viele Altgläubige niedergelassen, denen wir bereits im Süden Lettlands begegnet sind (siehe Tipp 22) – orthodoxe Russen, die aufgrund der Kirchenreform ihr Land verließen. Sie leben unter anderem in den Dörfern Nina, Kolkja, Kasepää und Varnja an der sogenannten Zwiebelstraße. Zwar haben die Gebetshäuser auch Zwiebeltürme, aber der Name ist wörtlich gemeint: Die meisten Häuser haben einen ausgedehnten Gemüsegarten und Seniorinnen verkaufen Zwiebeln an der Straße, zu Zöpfen geflochten und nicht ganz billig. Einen Einblick in die Kultur und ihre Traditionen, von Stoffbedrucken bis Chicoree-Trocknen, gibt es im Peipsimaa-Besucherzentrum in Kolkja.

Weiter geht es Richtung Norden mit natürlichen Sehenswürdigkeiten: Bei Kallaste, einem größeren Ort mit Supermarkt, gibt es einen Strandabschnitt, der an Vidzeme (siehe Tipp 29) erinnert. Vom Dorfplatz weist ein Schild mit der Aufschrift „Kallaste liivakivipaljand" runter zum See, wo gleich rechts der Sandsteinaufschluss beginnt – eine 900 Meter lange, bis zu acht Meter hohe rote Wand. Anders als in Vidzeme hat das Wasser mehr Höhlen ausgespült und Vögel nisten in den Wänden, dafür sind sie teilweise zugewachsen. Bei niedrigem Wasserstand kann man am Strand nach Süden laufen, es führt auch eine Treppe hinauf.

Roter Sandstein an der Küste bei Kallaste

Die Eiche „Rannamõisa Tamm"

Nördlich wechseln sich nun Felder und Wälder ab. Nach Kodavere, bei Ranna lohnt sich ein Stopp am Straßenrand für einen alten Baum: Die Eiche hat trotz Schäden ein Feuer überlebt und es ranken sich eine Menge Legenden um sie, die man allesamt auf Schildern (in Deutsch und Englisch) nachlesen kann. Sie ist vielleicht 1000, mindestens aber 400 Jahre alt. Den Esten war der Ort bereits im Mittelalter heilig, was Knochen- und Grabbeigabenfunde zeigen.

Schließlich beginnt bei Tammispää das Erholungsgebiet an der Nordküste. Wenig später mündet der Fluss Rannapungerja in den See. An der Mündung steht ein Leuchtturm von 1937, von dessen Plattform man Sicht auf die Küste hat. Jeden Sommer findet hier das „Tuletorni Kontsert" statt, ein zweitägiges Musikfestival.

Flussaufwärts quert die einzige überdachte Holzbrücke den Fluss. Die „Järuska Sild" wurde 2013 von Zimmermännern aus aller Welt gebaut und im Inneren hängen Fotos lokaler Künstler. Auf der anderen Seite – die Hauptstraße führt näher am See über den Fluss – beginnen die langen Sandstrände von Kauksi.

Holzbrücke im Norden des Sees

INFO

Lage: im Osten des Landes, rund 40 Kilometer östlich von Tartu

- Besucherzentrum: Suur tee 25, Kolkja 60306
- Sandsteinküste: Sadama 2, Kallaste 60103
- Eiche in Ranna GPS: 58.726666, 27.105359
- Leuchtturm: Ausgangspunkt rechts von der Sadama tee, Rannapungerja 42208, GPS: 58.980984, 27.175956
- Brücke bei Lemmaku GPS: 59.012337, 27.138071

Websites:

- Zwiebelroute: *sibulatee.ee/de*
- Peipsimaa Besucherzentrum: *peipsimaa.ee/en*

Hinweis: Es gibt keine Rettungsschwimmer am Peipussee – schwimmen auf eigene Gefahr.

- Campingplatz Peipsi Caravani: mit Aufenthaltsraum und Rauchsauna; an der Pikk-Straße, Nina 60212, *facebook.com/peipsicaravan*
- Ferienhaus Mesi tare: traditionelles Altgläubigen-Haus für elf Personen, kleine Bootshäuser und Waldhütten, Kesk 119, Varnja 60305, *mesitare.ee*
- Feriendorf Kauksi puhkeküla: am Nordstrand, mit Bungalows und Ferienhäusern, Stellplätze für Wohnmobile; Kauksi pk. 138, Ida-Virumaa 41008, *kauksirand.ee/de*

49. Im Alutaguse-Nationalpark: auf Holzwegen durchs Moor

Der jüngste Nationalpark Estlands ist wild. Seine Aufgabe ist es, Wälder und Feuchtgebiete zu schützen – auch vor dem Abbau von Ölschiefer, der ganz in der Nähe stattfindet.

Der Nationalpark Alutaguse wurde erst 2018 aus elf bestehenden Schutzgebieten gegründet, um die Sümpfe und Wälder in der wenig besiedelten Region vom Peipussee fast bis zur Ostsee zu schützen. Adler, Schwarzstörche, Flughörnchen, Wölfe, Luchse und Braunbären gehören zu den Arten, die in Alutaguse leben oder die Wälder durchstreifen.

Ein guter Anlaufpunkt ist Iisaku im Herzen des Parks. Denn das Dorf hat im Gegensatz zu anderen Versorgungsmöglichkeiten und sowohl einen Moorpfad als auch zwei Aussichtstürme. Zwar liegt auch das Nationalparkzentrum in Iisaku, aber der Besuch ist nur

Inseln aus Wald erheben sich im einsamen Rüütli-Moor südlich von Iisaku.

nach Voranmeldung möglich und die Dauerausstellung auf Estnisch und Russisch. Das eigentliche Besucherzentrum ist bereits in Kauksi zu finden (siehe Infos)! Dort gibt es auch Dauerausstellungen über die Schätze des Nationalparks und die Landschaft der Region Ida-Viru zu sehen.

Der Aussichtsturm von Iisaku steht am nördlichen Rand des Dorfes auf dem Hügel Tärivere. Mit 28 Metern ist er gerade hoch genug, um über die Bäume auf Iisaku und die Umgebung zu blicken. Der Zugang zum Fahrradweg „Agusalu", Wanderwege und ein Zelt- und Picknickplatz befinden sich ebenfalls auf dem Hügel. Die Mischung aus Fichten- und Espenbestand in dem Wald sorgt übrigens für ein geeignetes Habitat für Gleithörnchen. Sie gehen allerdings erst nachts auf Futtersuche.

Südlich von Iisaku liegt das Rüütli-Moor, aus dem sich Kiefernwäldchen wie Inseln erheben. Dafür sorgen Ablagerungen von Sedimenten nach der letzten Eiszeit. Nach Orchideen und Son-

Der Turm auf dem Tärivere

nentau kann man am Boden Ausschau halten, Stein- oder Fischadler können über den weiten Ebenen beobachtet werden – zum Beispiel vom Aussichtsturm, der sich 600 Meter vom Wanderparkplatz (siehe Infos) befindet. Ein paar Meter weiter, am Rand des Moors, liegt sehr idyllisch ein Picknick- und Zeltplatz, von dem ein Wanderweg beginnt. Die kürzeste Variante über Holzpfade und Inseln ist 1,8 Kilometer lang. Schilder am Rundweg mit der Aufschrift „Rüütli lõkkekoht" führen zurück zum Zeltplatz. Es ist aber auch möglich, eine acht Kilometer lange Wanderung daraus zu machen, den „Kotka matkarada". Dann trifft man auf weitere Picknickplätze, Hochmoore und bewaldete Inlanddünen – ebenfalls typisch für Alutaguse. Zur Beerenzeit und

Stege verbinden die Inseln im Moor.

im Umgang mit Lebensmitteln (keine zurücklassen!) sollte man nicht vergessen, dass Bären in der Gegend leben. Chancen, die scheuen Tiere zu sehen, hat man aber eher mit Touren.

Nordöstlich des Parks wird Ölschiefer für die Stromerzeugung abgebaut. Vorkommen befinden sich auch zwischen den Schutzgebieten – und es gab Pläne, diese anzuzapfen, aber auch Widerspruch. Wie es ohne Abbau weitergeht, ist für die abgelegene Region eine schwierige Frage. Tourismus kann ein Baustein sein.

Zeltplatz mit Grillhaus

INFO

Lage: im Norden, zwischen Kauksi am Peipussee und Jõhvi; Besucherzentrum an der Straße 153/Kauksi-Kuru 41008, GPS: 58.992643, 27.226827; Wanderparkplatz ins Rüütli-Moor über die Kotka tee erreichbar GPS: 59.063098, 27.265234; Aussichtsturm an der Tartu mnt GPS: 59.106046, 27.305753

Websites:

- Nationalpark: *kaitsealad.ee/en/protected-areas/alutaguse-national-park*
- Tourismusinformation: *idaviru.ee*
- Karte der Wanderung: *rmk.ee/en/exploring-nature/where-to-go/kotka-hiking-trail-67km*
- Bärenbeobachtung in der Nähe: *natourest.ee*

Unterkunft: Viele RMK-Zeltplätze, zum Beispiel

- Rüütli-Zeltplatz: mit Grillhäuschen und Trockentoilette, 800 Meter vom Wanderparkplatz am Moor, GPS: 59.05936, 27.25524
- Gästehaus Tamme Teemaja: mit Terrasse und Gemeinschaftsküche, freundlich gestaltete Zimmer mit Bad und TV; Tamme 3, Iisaku 41101, *housity.net/hotel/tamme-teemaja*
- Weitere Unterkünfte: *idaviru.ee/en/objects/oobimine-ja-spa*

50. Die Steilküste von Ontika: Abstieg am höchsten Wasserfall Estlands

Bei Valaste stürzt ein Bach malerisch schön die Klippen hinunter. Dank eines aufwendigen Holzpfades kann man ihn bis an die Ostsee verfolgen.

Ist das noch die Ostsee? Die Steilküste ist bis zu 55 Meter hoch. Davor wächst ein wilder Laub- und Farnwald, zu dessen Füßen das Meer Gischt auf einen steinigen Strand spült. Ja, die Küste von Ontika ist einzigartig und ganz anders als die im Westen des Baltikums. Hier stürzt auch der Valaste-Wasserfall herab, mit über 30 Metern der höchste des Landes.

Die Treppe führt vom Plateau am Wasserfall vorbei bis ans Meer.

Die Steilküste im Nordosten Estlands ist nur ein winziger Teil eines mehr als 1000 Kilometer langen Kalksteinplateaus, das von der schwedischen Insel Öland bis zum russischen Ladogasee hinter St. Petersburg reicht. Es wird auch als Baltischer Klint bezeichnet. Das Gestein ist zwischen 400 und 500 Millionen Jahre alt. Die Schichten enthalten eine Vielzahl von Fossilien. In Schweden tritt der Kalkstein in Form von Felssäulen im Meer zu Tage. Hier in Nordestland, zwischen Saka und Toila liegt auf 23 Kilometern das längste ununterbrochene Stück als Kliff frei. Auf der Pakri-Halbinsel gibt es eine weitere sehenswerte Klint-Küste (siehe Tipp 56).

Zwölf Wasserfälle gibt es entlang des Abschnitts bei Ontika, der Valaste-Wasserfall gilt als der sehenswerteste. Ein Besucherlieb-

Im Sommer ein Rinnsaal, im Winter ein Eisriese

ling ist er besonders im Winter, wenn der Wasserfall und die Bäume ringsum in eigenartigen Formen gefrieren. Am Geburtstag der estnischen Republik, dem 24. Februar, treffen sich jedes Jahr viele Frühaufsteher zum Sonnenaufgang am Wasserfall, um dort die Flagge zu hissen.

Im Frühjahr führt der künstliche Kaasikvälja-Graben, der den Wasserfall seit Mitte des 19. Jahrhunderts speist, das meiste Wasser. Aber auch im Sommer, wenn es nur ein Rinnsal ist, lohnt sich der Besuch. Denn von den Aussichtsterrassen an der Treppe hat man einen tollen Blick auf die Kalksteinschichten. Hier beginnt auch der Küstenwanderweg Valaste-Ontika, der erst 2018 eröffnet wurde. Über Treppen und Holzbrücken führt er vom Plateau durch den Wald bis ans Meer. Auf 22 Schildern erfährt man Details zum Klint, zum Küstenwald und auch den Tieren, die man nur mit Glück zu sehen bekommt, zum Beispiel Fledermäusen. Insgesamt ist der Weg 1,5 Kilometer lang und erreicht bei Ontika wieder das Plateau.

Knapp 1,3 Kilometer geht es an der Straße zurück. Das Feriendorf gegenüber organisiert bei Bedarf den Transport.

Einen weiteren Zugang zur Steilküste gibt es am Herrenhaus von Saka. Bis 1992 diente das Gelände dem sowjetischen Grenzschutz als Domizil. Aus dieser Zeit stammt der Leuchtturm, der die See zehn Kilometer weit ausleuchten konnten. Die Dachterrasse auf dem Turm ist zugänglich. Bei guter Sicht kann man die Inseln im Finnischen Meerbusen erkennen. Neben dem Turm beginnt der Saka-Klindimõisa-Wanderweg. Der zwei Kilometer lange Rundweg führt links die Treppen hinunter zum Strand, an der Küste entlang und am kleinen Kivisilla-Wasserfall wieder hoch. Unterwegs sieht man das Kliff, blaue Tonablagerungen und den Park des Herrenhauses, das heute als Hotel genutzt wird (siehe Info).

INFO

Lage: im Nordosten, 55 Kilometer westlich von Narva bzw. 58 Kilometer nördlich von Kauksi am Peipussee; an der Straße Saka-Ontika-Toila, Ontika 41557, GPS: 59.443816, 27.336301

Website:

- Tourismusinformation: *idaviru.ee/en*

Hinweis: Der Parkplatz mit Trockentoilette und Bänken liegt direkt neben dem Wasserfall. Eine kleine Brücke führt über den Fall, eine große Treppe neben dem Wasserfall hinunter. Er ist also nicht barrierefrei zugänglich.

Unterkünfte:

- Feriendorf Valaste: direkt gegenüber vom Parkplatz, mit Café, Fahrradverleih, Bungalows, Camping- und Grillplatz, Saka-Ontika-Toila, Toila 41556, GPS: 59.44370, 27.33563, *valaste.eu*
- Herrenhaus Saka Mõis: Spa-Hotel in historischem Gebäude mit großem Park, Leuchtturm und Sport- und Spielplätzen, Camping-Hütten und Stellplätzen für Zelte und Wohnmobile; Saka 30103 GPS: 59.43916, 27.17824, *saka.ee/en*

Im Westen Estlands

Am Pakri-Kliff zeigt sich die raue Seite der Ostsee.

Im Westen Estlands

51. Die Küste im Nationalpark Lahemaa: Wandern zwischen Findlingen
52. Im Wald im Nationalpark Lahemaa: Lehrpfade zu Bäumen und Bibern
53. Tallinn: vom Rathausplatz auf den Domberg in der Stadt der Türme
54. Im Stadtviertel Nõmme: bei den wilden Figuren im Glehn-Park
55. Tallinner Umland: auf der Jagd nach den schönsten Wasserfällen
56. Halbinsel Pakri: unterwegs auf und unter dem Kalkstein-Kliff
57. Insel Hiiumaa: Roadtrip zu den Leuchttürmen und Bunkern
58. Die Inseln Muhu und Saaremaa: Roadtrip zu den Freiluftmuseen und nach Kuressaare
59. Der Vilsandi-Nationalpark: Wandern zum schiefen Turm Saaremaas
60. Matsalu-Nationalpark: im Feuchtgebiet den Vögeln lauschen

Turku
Paimio
Salo
1
Lohja
FINNLAND
Loviisa
Porvoo
Vantaa
Espoo
Helsinki
Raseborg
Ekenäs
Finnischer
Meerbusen
51
51
52
53
54
55
55
56
Loksa
Võsu
Kuusalu
Haljala
Tallinn
Anija
Ostsee
Lääne-Harju Vald
Laulasmaa
Keila
Saue
Jüri
Pillapalu
Tapa
Rummu
Kose
Kaasiku
Kohila
Tamsalu
57
Rapla
Rakke
Haapsalu
Hiiumaa
Uuemõisa
Märjamaa
Kehtna
Paide
60
Järvakandi
Türi
ESTLAND
58
Lihula
Liiva
Virtsu
Koonga
Tootsi
Vihtra
Suure-
Jaani
58
Saaremaa
59
Tori
Kärla
Pärnu
Sindi
Viljandi
Kuressaare
Viiratsi
Reiu
Võiste
Lemsi
Mõisaküla
Karksi-
Nuia
Tõrva
Rujiena
Valga
Salacgriva
LETTLAND
Valmiera
Roja
Limbazi
Smiltene
Pope
Talsi
Saulkrasti
Cesis

51. Die Küste im Nationalpark Lahemaa: Wandern zwischen Findlingen

Findlinge und Fischerdörfer prägen die Landschaft auf den vier Halbinseln, die wie Finger in die Ostsee ragen. Altja ist das fotogenste Dorf, bei Käsmu wandert man von Strand zu Strand.

Der Küstenwanderweg auf Käsmu folgt der Nordküste von Bucht zu Bucht.

Mit der Gründung des Nationalparks wurde 1971 der Wert des vielfältigen Ökosystems im Norden Estlands anerkannt: Von Meer bis Moor leben Ringelrobben, Adler, Elch, Luchs und Biber. Lahemaa wurde damals zum ersten Nationalpark der Sowjetunion. Da die Landschaft so divers ist, lohnt es sich mindestens zwei Tage einzuplanen: für die Küste und das Landesinnere.

An der Ostsee wechseln sich die Halbinseln Juminda, Pärispea, Käsmu und Vergi mit Buchten ab. Im Meer liegen zahlreiche Findlinge, Sandbänke und Inselchen. Kulturell und landschaftlich interessant ist das Dörfchen Altja, wo sich 1618 die ersten Bauern angesiedelt haben. Holzhandel, Salzschmuggel und später der Schiffsbau brachten dem Dorf Einkommen. Während der Sowjetzeit verwaiste es nahezu, da die Küste mit Stacheldraht abgesperrt war.

Heute hat es nur ein paar Dutzend Einwohner. In den 1970ern wurden zwei Gehöfte restauriert und die Taverne (am Parkplatz) sowie die Schuppen für Boote und Netze nach alten Fotos wieder aufgebaut. Sie sind derart fotogen, dass sie viele Touristen anziehen. Wie immer entkommt man dem Trubel mit einer kleinen Wanderung. Der Rundweg ist drei Kilometer lang und führt an den berühmten Häuschen vorbei sowie am Strand entlang und durch den bis zu 200 Jahre alten Kiefernwald. Die Findlinge und die Brücken über den Altja-Fluss sind ebenfalls sehenswert. Der Weg endet neben der Taverne.

Findlinge im Kiefernwald bei Käsmu

Käsmu hat eine ähnliche Geschichte: 200 Jahre lang wurden dort Boote gebaut und von 1884 bis 1931 auch Kapitäne ausgebildet. Zeitgleich entdeckten viele deutsche und russische Intellektuelle Käsmu als Sommerresidenz. Ein beliebter Ferienort ist es auch heute. Die Geschichte des „Kapitänsdorfes" wird im „Meremuuseum", dem Schifffahrtsmuseum, erzählt. Der Rest der Halbinsel ist kaum besiedelt und eignet sich daher perfekt zum Wandern, Fahrradfahren oder Entspannen an einsamen Stränden.

Die Bootsschuppen von Altja sind bei Fotografen beliebt.

Es gibt einen 4,2 Kilometer langen Lehrpfad und einen 15 Kilometer langen Rundwanderweg. Beide steuern als erstes die schmale Landzunge nördlich von Käsmu an, wo riesige Findlinge im Meer liegen. Die Insel davor darf zum Schutz von Brutvögeln im Frühjahr und Sommer nicht betreten werden. Während der Lehrpfad weniger später links abbiegt, den Findling „Matsikivi" (Einsiedler) ansteuert und danach ins Dorf zurückführt, geht der Wanderweg noch an der gesamten Nord- und Westküste der Halbinsel entlang – mal näher am Meer, mal weiter im Kiefernwald, durch den es später auch zurückgeht. Der Waldboden ist voller Findlinge, dick mit Moosen bewachsen und zur richtigen Zeit mit Beeren und Pilzen übersät. Wilde Strände und ein alter Leuchtturm am Kap Palganeem eignen sich für Pausen.

Nördlich vom Dorf Käsmu liegen riesige Findlinge im Meer, eine Sandbank geht bis zu einer kleinen Insel weiter.

Die sandigen Küstenwege sind fürs Fahrrad nicht geeignet, deshalb geht die knapp zwölf Kilometer lange Fahrradtour durch den Wald, aber auch am Matsikivi und einem Abschnitt der Westküste vorbei. Alle drei Routen starten am Wanderparkplatz bzw. an der kleinen Kapelle.

Das Schilfgebiet zieht viele Vögel an.

INFO

Lage: im Norden, 80 Kilometer östlich von Tallinn und 100 Kilometer westlich von Jõhvi

- Parkplatz in Altja an der Straße Võsu-Vergi-Söeaugu, Altja küla 45408, GPS: 59.582067, 26.111612
- Wanderparkplatz in Käsmu: Neeme tee 80, Käsmu 45601
- Schiffahrtsmuseum: Merekooli 1, Käsmu 45601

Websites:

- Nationalparkinfo mit Links zu Wanderkarten: *kaitsealad.ee/en/protected-areas/lahemaa-national-park*
- Sehenswürdigkeiten: *visitestonia.com/de/reiseziele/lahemaa-nationalpark*
- Schifffahrtsmuseum: *kasmu.ee*

Hinweise: Musikfestival „Viru Folk" in Käsmu im August

Unterkünfte:

- Campinglatz Lepispea: mit eigenem kleinen Strand, großer Wiese und Feuerstellen, einfache Küche und Sanitäranlagen, Fahrradverleih; Lepispäe 1, Võsu 45501, *lepispea.eu*
- Ferienhof Lainela: Zimmer und Ferienwohnungen am Rand von Käsmu, Saunas, Sportplätze und Restaurant auf dem Gelände am Meer, einfache DZ mit Gemeinschaftsbad und -küche oder neue DZ mit Bad und Küchenzeile; Neeme tee 70, Käsmu küla 45601, *lainela.ee/lainela/english*

52. Im Wald im Nationalpark Lahemaa: Lehrpfade zu Bäumen und Bibern

Abseits der Küste gibt es Wanderwege zu Biberdämmen, zu den Spuren, die Tiere und Menschen im Wald hinterlassen, und durchs alte Moor.

Boreale Nadelwälder machen drei Viertel der Landfläche des Nationalparks aus. Die dominierenden Baumarten sind Kiefer und Pinie. Manche Bereiche werden saisonal gesperrt oder stehen ganz unter Betretungsverbot – dort bekommt die echte Wildnis eine Chance. Fast ein Viertel des Parks darf außerdem nur zum Spazierengehen und Beerensammeln betreten werden.

Die Bäume am Oandu-Lehrpfad wurden einst zur Harzgewinnung angeritzt.

Weg im Primärwald

Einen besonders alten Wald kann man bei Oandu besuchen – einen sogenannten Primärwald. Wie ein solcher wilder Wald „funktioniert", erfährt man im Besucherzentrum vor Ort, wo es neben Ausstellungen einen Picknick- und Zeltplatz gibt und mehrere Wanderwege starten.

Der Rundweg beginnt auf der anderen Straßenseite vom Naturzentrum und ist mit „Oandu loodusmetsarada" (Naturlehrpfad) gekennzeichnet. Der Anfang liegt in einem eher trockenen Heidewald, doch bald geht es in tiefere Gebiete, wo hier und da ein Bach plätschert, große Farne wachsen und tote Bäume liegen. Der Weg wird dort auch schmaler und geht oft über Holzplanken. Schilder weisen auf sehenswerte Details hin wie die Kratzer, die Bären an Bäumen hinterlassen haben, oder erklären Wissenswertes zum Wald und seinen Bewohnern. Auf den 4,7 Kilometern gibt es also jede Menge Abwechslung, auch für Kinder.

Um Biber und ihre Bauwerke geht es auf einem zweiten Lehrpfad, etwa einen Kilometer entfernt vom Zentrum. Er ist nur einen Kilometer lang, dauert in gemütlichem Tempo etwa eine halbe Stunde und ist damit ebenfalls ein Tipp für Familien. Die größte Chance, die großen, aber scheuen Nagetiere zu sehen, hat man allerdings in der Dämmerung. Tagsüber kann man zumindest ihre Bauwerke, also Burgen und Dämme, bewundern und gefällte Bäume am Ufer entdecken. Zudem gelangt man über Treppen hinab ins schöne Flusstal der Altja, die wenig später im gleichnamigen Dorf (siehe Tipp 51) ins Meer fließt.

Das Hochmoor von Viru

Ein Publikumsliebling in Lahemaa ist Viru raba, das Hochmoor von Viru im Westen des Parks. Es ist nicht besonders groß, aber sehr sehenswert – mit dicken Torfschichten, kleinen Moorkiefern und vielen Teichen zwischendrin. Das Moor ist ungefähr 3000 Jahre alt und aus einem See entstanden, den die Eiszeit zurückgelassen hat. Am Rand wurde Torfmull abgebaut – inzwischen wird an der Renaturierung dieser Flächen gearbeitet. Ziel ist es, sie wieder zu vernässen. Denn Torf, der verfault, setzt Kohlendioxid frei. Beides – das alte und das „neue" Moor – kann man auf der Rundwanderung sehen.

Steg zwischen Moorkiefern

Da der Wanderweg in der Nähe der Landstraße nach Tallinn liegt, kann es voll werden. Wer früh oder spät startet oder die ganze Runde läuft, wird mehr Ruhe beim Erkunden haben. Die 1,4 Kilometer durch den Wald und auf Holzbrücken übers Moor bis zum Aussichtsturm lohnen sich in jedem Fall. Für die komplette, sechs Kilometer lange Wanderung folgt man den Planken weiter über das Moor und an den Renaturierungsflächen vorbei sowie durch den Wald zurück zum Parkplatz.

Auf dem Holzweg sein, ist im Baltikum ein Grund zur Freude.

INFO

Lage: Besucherzentrum in Palmse am Herrenhaus (Palmse 45435, GPS: 59.512618, 25.954874), Naturzentrum in Oandu (Oandu 45432, GPS: 59.564980, 26.100480), Wanderparkplatz am Viru-Moor bei Kolga (GPS: 59.470816, 25.636858)

Website:

- Oandu-Lehrpfad: *rmk.ee/en/exploring-nature/where-to-go/oandu-old-growth-forest-nature-trail-4-7-km*
- Viru-Moor-Weg: *rmk.ee/en/exploring-nature/where-to-go/viru-bog-nature-trail-3-5-km*

Hinweise:

- Die Scheune und der Pflanzenweg in Oandu sind barrierefrei, ebenso der Weg zum Turm im Viru-Moor.
- Im Landgut Palmse gibt es ab 2026 eine Ausstellung über die Geschichte der Region und des Nationalparks: *virumaamuuseumid.ee/en/palmse-manor*

Unterkünfte:

- Naturlodge Haaviku: 800 Meter von Oandu, Ferienhäuschen im Grünen mit Outdoor-Küche, Bungalows und Blockhäusern; Tepelvälja 45440, GPS: 59.56055, 26.09157, *haaviku.voog.com/de*
- RMK-Zeltplatz: am Naturzentrum, GPS: 59.56263, 26.09683, *rmk.ee/en/exploring-nature/where-to-go/oandu-campsite*
- Feriendorf Hiie Talu: beim Moor, privater Campingplatz am See, tolles Gelände mit Skulpturen, zwei Ferienwohnungen; Kahala 74621, GPS: 59.47542, 25.54278, *facebook.com/Hiie.Talu*

53. Tallinn: vom Rathausplatz auf den Domberg in der Stadt der Türme

In der Altstadt fühlt man sich beinahe wie in einem Mittelalterspektakel. Man kann sich in den Gassen verlieren und auf der Stadtmauer spazieren. Ein Blick von oben gehört unbedingt dazu.

Kirchtürme und Wachtürme auf der Stadtmauer bestimmen die Silhouette der Altstadt von Tallinn.

Vom Pflaster unter den Füßen bis zu den Turmspitzen: Kaum hat man die Altstadt betreten, fühlt man sich wie im Mittelalter. Entstanden im 13. bis 16. Jahrhundert, als Tallinn noch Reval hieß, haben die Straßenzüge zwischen Hafen und Freiheitsplatz, zwischen Bahnhof und Bankenviertel Zeit und Krieg überdauert und stehen seit 1997 auf der Liste des UNESCO-Weltkulturerbes.

Umgeben ist die Altstadt zu großen Teilen von einer Stadtmauer aus dem 14. Jahrhundert. Fast zwei Kilometer davon und die Hälfte der einst 46 Türme stehen noch. Vom Nunnatorn, dem Nonnenturm, kann man einen Teil der Mauer mit ihrer hölzernen Balustrade betreten, die Aussicht genießen und zwei weitere Türme erkunden.

Im Herzen der Altstadt liegt der Rathausplatz mit einem für Nordeuropa einmaligen Rathaus – mit Wasserspeiern in Drachengestalt und dicken Mauern wie von einer Trutzburg. 1322 erstmals erwähnt, bekam es 1404 seine heutige Größe. Im Sommer kann es vom Keller bis zum Dachboden erkundet werden. Der Turm kann separat bestiegen werden.

Die älteste Apotheke Europas

Mit dem Rathaus im Rücken an der rechten Ecke des Platzes findet man eine weitere Rarität: die „Raeapteek", die Ratsapotheke von 1422. Sie ist immer noch in Betrieb und damit die älteste Apotheke Europas. Es gibt eine kleine Ausstellung historischer Apothekerutensilien und Heilmittel sowie die Möglichkeit, an Führungen und Workshops teilzunehmen, etwa Marzipan herzustellen. An der Apotheke vorbei, die nächste Straße links und an der Katharinengilde durch den Torbogen gehend findet man sich

Wunderliche und ursprüngliche Mittelchen sind in den Apothekenräumen zu sehen.

Eine Treppe führt auf den Domberg.

plötzlich in einer engen Gasse wieder – dem Katariina-Gang mit lauter kleinen Werkstätten.

Wegen Entdeckungen wie diesen macht es Spaß, auch ohne Ziel die Gassen entlangzuschlendern. Alte Bebauung, Läden, Cafés und die gotische Olafkirche findet man zum Beispiel an der Pikk-Straße, die einen Block nördlich vom Rathausplatz beginnt und Richtung Hafen führt. Kurz bevor sie wieder auf die Stadtmauer trifft, stehen links die Drei Schwestern, das Pendant zu den Drei Brüdern in Riga – gotische Wohnhäuser aus dem 15. Jahrhundert. Über die gleiche Straße zurück oder eine der Parallelstraßen zur Linken gelangt man zum Fuß des Dombergs (Toompea). Entweder links durch das Tor im Turm oder rechts herum über die Treppe am Park kommt man hinauf.

Alexander-Newski-Kathedrale

Toompea war im Mittelalter die Hauptstadt des estnischen Herzogtums und ist noch heute Sitz des Parlaments, verschiedener Botschaften und auch der Estnischen Akademie der Wissenschaften, die in einem Gebäude von Martin Gropius residiert. Man kommt daran vorbei, wenn man über die Kohtu-Straße (Nummer 6, hinter dem Tor) zur Aussichtsterrasse „Kohtuotsa“ geht. Von dort hat man einen wunderbaren Blick über die Altstadt und die Wolkenkratzer dahinter. Er ist entsprechend gut besucht. Andere Aussichtspunkte gibt es an der Treppe („Patkuli Vaateplatvorm“) und im Bischofsgarten („Piiskopi aed“), von dem aus die Sicht nicht spektakulär ist, aber dafür ist weniger los. Am südlichen Ende des Dombergs steht links die prachtvolle Alexander-Newski-Kathedrale, rechts das Parlament, das Anfang des 20. Jahrhunderts an die alte Burganlage gebaut wurde. Wer den Domberg an dieser Stelle verlässt, findet eine große Parkanlage, um sich vom Trubel zu erholen. Linker Hand kommt man zum Freiheitsplatz und verlässt damit den ältesten Teil Tallins.

Mittelalterlicher Katariina-Gang

INFO

Lage: im Nordwesten, rund 100 Kilometer nordöstlich von Haapsalu

- Rathaus: Raekoja plats 1, Tallinn 10146
- Nunna-Turm: Väike-Kloostri 1, Tallinn 10133
- Eingang zum Katariina-Gang: Vene 12, Tallinn 10140
- Aussichtsterrasse: Kohtu 12, Tallinn 10130

Websites:

- Tourismusinformation: *visittallinn.ee/eng*
- Parken: *parkimine.ee/en/parking/tallinn*
- Rathaus: *raekoda.tallinn.ee/en*
- Ratsapotheke: *raeapteek.ee/de*

Hinweise: Mit der Tallinn-Card hat man 24, 48 oder 72 Stunden lang Zugang zu mehreren Sehenswürdigkeiten, kann den öffentlichen Nahverkehr nutzen und bekommt Rabatte.

Unterkünfte:

- Hostel & Camping Freedom65: mit Doppel- und Mehrbettzimmern, großer Garten, Frühstück und Holzofenpizza; Vabaduse puiestee 65, Nomme, Tallinn 12111, *freedom65-hostel-and-caravan.hotelintallinn.com/en/#main*
- Wohnmobilstellplatz Pirita Harbour: praktischer Stellplatz am Hafen, wenig sanitäre Anlagen, rund fünf Kilometer bis zur Innenstadt über die Uferpromenade; Purje 13, Tallinn 11911, *piritatop.ee/motor-caravan-parking/?lang=en*

54. Im Stadtviertel Nõmme: bei den wilden Figuren im Glehn-Park

Am Rand der Hauptstadt hat sich ein Gutsbesitzer im 19. Jahrhundert kreativ ausgetobt. Die Ruinen und sonstigen Bauwerke, die von ihm noch stehen, sind alles andere als gewöhnlich.

Schloss Hohenhaupt war einst der Wohnsitz von Nikolai von Glehn.

Den wohl originellsten kleinen Stadtpark von Tallinn hat das Viertel Nõmme. Er liegt etwas außerhalb, aber wer eine Pause vom Trubel braucht, der kann auch mit öffentlichen Verkehrsmitteln aus dem Zentrum hinfahren. Wer Nõmme erreicht, fühlt sich wie in einer anderen Stadt: Holzvillen unter hohen Bäumen und generell viel Grün fallen ins Auge. Gegründet wurde das später eingemeindete Dorf vom Gutsbesitzer Nikolai von Glehn im 19. Jahrhundert, der dem Ort seinen Stempel aufgedrückt hat.

Von Glehn (1841–1923) war Architekt und erbte das Gut seines Vaters im Südwesten Tallinns. Seine Mutter gehörte zur Familie Burchart, die die Ratsapotheke betrieb (siehe Tipp 53). Seinen

Landsitz hat er selbst entworfen: das Schloss Hohenhaupt, das bei den Esten schlicht „Glehni loss" – Glehns Schloss – heißt. Außerdem gestaltete er mit viel Fantasie den Park ringsum, der heute zu den Hauptattraktionen des Viertels gehört. Am Parkplatz neben dem Marktplatz von Nõmme wurde zu seinem 170. Geburtstag ein Denkmal für Nikolai von Glehn aufgestellt.

Ein Observatoriumsturm mitten im Park

Seinem Park nähern wir uns von Süden: Vom Parkplatz die Vääna-Straße ein Stück zurück, trifft man auf die Tähetorni-Straße, wo auch der Bus hält. Rechts an der Straße geht der Weg in den Park, der uns, wie der Name schon sagt, zuerst zum Tähetorn, dem Observatorium, bringt. Als Aussichtsturm 1910 von Glehn gebaut, dient er seit den 1960er-Jahren als Observatorium der Technischen Universität. Die Gesellschaft des Tallinner Observatoriums nutzt ihn regelmäßig zur Sternenbeobachtung mit dem Teleskop. Für die Öffentlichkeit ist er jedoch nur während bestimmten Veranstaltungen bei Himmelsereignissen oder beim Tag der offenen Tür zugänglich.

Figuren der estnischen Sagenwelt tummeln sich im Park.

Am Turm vorbei gelangt man auf eine Lichtung mit den wohl schrägsten Bauwerken Glehns: dem Drachen (der aussieht wie ein Krokodil) und dem Riesen Kalevipoeg, Held des estnischen Nationalepos (siehe auch Tipp 42). Der gleiche Baustil aus groben Steinen findet sich auch am Eingang seines Schlosses im Stil einer Ritterburg am anderen Ende der Lichtung wieder. Es ist jedoch, ähnlich wie die Riesen-Skulptur, nicht mehr im Original erhalten. Nach den Weltkriegen waren nur noch Ruinen übrig. Doch auf Initiative von Studierenden und Mitarbeitern der Universität wurde es von 1966 bis 1977 wieder aufgebaut und auch Kalevipoeg steht wieder. Heute wird das Schloss für Konferenzen genutzt oder für Feiern vermietet.

Der Riese Kalevipoeg

Gegenüber, am Ausgang des Parkes an der Straße Vana-Mustamäe, ist die Ruine eines Palmenhauses von 1910 erhalten geblieben. Das Gebäude weckt wie kein zweites die Fantasie – von außen ein Haufen Steine, von innen ein Raum mit vielen Nischen und Streben aus Stein, die die einstige Pracht erahnen lassen. Der gern genutzte Vergleich mit dem spanischen Architekten Antoni Gaudí, der etwa zur gleichen Zeit lebte, wird an dieser Stelle nachvollziehbar.

Das Palmenhaus ist stabiler, als es wirkt.

INFO

Lage: im Nordwesten, am westlichen Rand von Tallinn

- Parkplatz: Vääna 45a, Nõmme 11625
- Schloss: Vana-Mustamäe 48, Tallinn 11611

Websites:

- Touristeninformation für den Stadtteil: *visittallinn.ee/eng/visitor/ideas-tips/tips-and-guides/a-self-guided-journey-through-nõmme*
- Observatorium: *tahetorn.ee*
- Reiseplaner und Fahrpläne: *transport.tallinn.ee/#tallinna-linn/map/de*

Unterkünfte:

- Saunapunkt: Campingplatz, Bungalows, Zimmer und Saunapark mit Bahnanbindung nach Tallinn, zehn Kilometer vom Glehn-Park; Nõuma talu, Koidu küla 76418, *saunapunkt.ee/en*
- Tähetorni Hotell: am Rand des Parks, mit Restaurant und Sauna; Tähetorni 16, Tallinn 11625, *thotell.ee*

55. Tallinner Umland: auf der Jagd nach den schönsten Wasserfällen

In der Umgebung der Hauptstadt eignet sich der Jägala-Fall als Zwischenstopp vom Lahemaa-Nationalpark – bei Keila-Joa könnte man einen halben Tag verbringen.

Acht Meter stürzt der Jägala-Fluss abwärts.

Nach dem höchsten Wasserfall Estlands (siehe Tipp 50) kann man auf dem Weg nach Tallinn den breitesten besichtigen. Der Jägala-Wasserfall stürzt über eine acht Meter hohe und mehr als 50 Meter breite Stufe hinab. Im Sommer kann er deutlich schmaler sein. Im Winter gefriert das Wasser manchmal zu einer Wand, sodass man hinter dem Wasserfall durch einen Tunnel gehen kann – eine rutschige, aber in jedem Fall einmalige Angelegenheit!

Generell ist es ein perfekter Foto-Spot und ein schöner Platz am Fluss zum Picknicken oder Planschen. Der Parkplatz befindet sich direkt neben dem Fluss und einem kleinen Park. Über die Wiese geht ein Pfad zur Abbruchkante, über die der Jägala stürzt, und zu einer Treppe, die hinunter zum Fuß des Wasserfalls führt.

Mehr zu entdecken gibt es am Keila-Wasserfall westlich von Tallinn. Er ist mit sechs Metern Höhe und rund 30 Metern Breite der drittmächtigste Wasserfall des Landes – und ein besonders idyllischer dazu: Oberhalb fließt der Fluss flach über ein Steinplateau, auf das man hinaustreten kann. Zwischen den Kaskaden wachsen Moose und Farne, die Ufer sind bewaldet und auf einer Wiese unterhalb der Fälle steht das neogotische Schloss Fall. Kein Wunder, dass dieser Ort bei Pärchen so beliebt ist, dass sie eine Brücke für ihre Liebesschlösser auserkoren und inzwischen ein eigenes Denkmal dafür bekommen haben.

Auf den Wegen kann also vor allem an Wochenenden einiges los sein. Doch es gibt mehrere Möglichkeiten zum Spazierengehen: Wer vom Wanderparkplatz kommend rechts hinunter zum Fluss und über die Hängebrücke geht, gelangt auf eine Insel und dann über den Mühlgraben auf das Gelände des Herrenhauses. Zunächst trifft man auf ein älteres Gebäude mit einem Biergarten. Zur Linken befindet sich das Wasserkraftwerk, hinter dem eine Treppe hinab zum Fluss führt.

Idyllisch gelegen: der Wasserfall von Keila

Vor dem Schloss gibt es am Wasserwerk einen Zugang zum Fluss.

Um zum Schloss zu kommen, muss man um die Kneipe herum zur „Pargi allee“. Dass es schlicht „Fall“ heißt, hängt mit dem Erbauer, Graf Alexander von Benckendorff, zusammen. Heute sieht es wieder schick aus, aber das war nicht immer so. Seit 1940 war es in militärischem Besitz, ab 1993 stand es leer – bis es 2010 verkauft und restauriert wurde. Heute dient es nicht nur als Luxus-Hotel, sondern ist auch für Besucher zugänglich. Im Keller ist ein Museum zur Geschichte des Hauses und der Familie Benckendorff sowie zu Nationalhymnen untergebracht, weil hier die russische Hymne erstmals gespielt worden sein soll. Regelmäßig werden Kunstausstellungen gezeigt.

Am Schloss vorbei und links zurück zum Fluss findet man den Wanderweg wieder, der an diesem Ufer der Keila ans Meer führt. Über die nächste Brücke kommt man indes zurück in den Park von Keila-Joa, durch den ein insgesamt drei Kilometer langer Naturpfad führt. Links geht es zurück zum Parkplatz, rechts geht der Rundweg weiter, vorbei an Ruinen. Der Pfad ist gut ausgeschildert und kann mit Erklärungen im Comicstil auch Kindern Spaß machen.

Heute weht die Flagge wieder stolz über dem einst verfallenen Schloss „Fall".

INFO

Lage: im Nordwesten

- Jägala liegt 27 Kilometer östlich von Tallinn; Parkplatz an der Jagala-Joa tee, Koogi: GPS: 59.449195, 25.179173
- Keila-Joa 30 Kilometer westlich von Tallinn; RMK-Parkplatz an der Kloogaranna tee GPS: 59.393576, 24.294920

Website:

- Touristeninformation: *visitharju.ee/en*
- Schloss Fall: *schlossfall.com*
- Keila-Joa-Naturpfad: *rmk.ee/en/exploring-nature/where-to-go/keila-joa-park-nature-trail-21-km*

Unterkünfte:

- Freizeitcenter Valkla Rand: 13 Kilometer vom Jägala-Wasserfall am Strand, mit SUP-Verleih und Sauna, Bungalows, Wohnmobilstellplatz ; Rannaliiva/Valkla küla 74630, *valklarand.ee/en*
- RMK-Zeltplatz: am Meer, drei Kilometer vom Keila-Wasserfall; Meremõisa küla 76705, *rmk.ee/en/exploring-nature/where-to-go/meremoisa-campsite*

56. Halbinsel Pakri: unterwegs auf und unter dem Kalkstein-Kliff

Die Halbinsel an der Nordwestküste erlaubt einen ganz anderen Blick auf die Kalksteinküste Estlands. Wind und Wasser verändern ständig ihr Aussehen.

Wieder einmal befinden wir uns auf ehemals militärischem Sperrgebiet. Erst 1994 haben die sowjetischen Truppen die Halbinsel Pakri (deutsch Pakerort) verlassen, fünf Jahrzehnte war sie nicht einmal für die Esten zugänglich. Eine besondere Bedeutung nicht nur für militärische Zwecke hat sie aufgrund ihrer durch zwei vorgelagerte Inseln geschützten Bucht. Peter der Große hatte bereits 1716 den Bau eines Militärhafens und einer Festung begonnen, die unvollendet blieben. Einen wichtigen Hafen für Handel und Industrie hat Paldiski im Südwesten der Landzunge noch heute. Ausflügler, vor allem aus Tallinn, besuchen vor allem das Kap im Norden, das auch durch den 100-Kronen-Schein bekannt geworden ist.

Erosion durch Wind und Wellen lässt immer wieder Brocken aus der Steilküste brechen.

Paldiski, das 1944 von deutschen Truppen niedergebrannt und anschließend Militärgelände wurde, verströmt beim Vorbeifahren ganz den Charme einer sowjetischen Planstadt. Vor der Unabhängigkeit Estlands rankten sich eine Menge Gerüchte um sie. Wahr ist, dass der Hafen ab 1960 als U-Boot-Basis diente und zwei nukleare Reaktoren zu Testzwecken hatte. Nördlich des Hafens beginnt die Steilküste und an den Ruinen der Festung auch ein Wanderweg, der an der Küste bis zum Kap und durch den Wald bzw. den Windpark zurück zur Stadt führt (siehe Info).

Am Kap sind die Schichten deutlich zu sehen.

Das Schöne an diesem Teil des Baltischen Klints (siehe Tipp 50) ist, dass die Kalksteinwände zugänglicher sind als bei Ontika. Die Steilküste ist zwar mit 24 Metern nur halb so hoch, aber nicht weniger beeindruckend. 700 Meter nach dem zweiten großen Logistik-Parkplatz geht links ein Fahrweg ab zu einem sandigen Parkplatz. Den Fahrspuren zu Fuß nach links folgend gelangt man zur „RMK-Trepp“ (auch Estnisch kann einfach sein!) – einer Treppe, die zum Fuß der Steilwand führt. Die Steine und Bruchstücke am Strand sprechen eine eindeutige Sprache: Achtung, da kann immer etwas von oben herabfallen!

Gut zu erkennen sind die verschiedenen Schichten, die das Kalksteinplateau bilden: oben hellgrauer Kalkstein, dann grünlich-dunkelgrauer Sandstein und ganz unten rötlich-gelbe Schichten aus Sandstein und Ton sowie dunkler Schiefer. Entstanden sind sie im Ordovizium, vor 485 bis 443 Millionen Jahren.

Der neuere Leuchtturm, von 1889, kann auch bestiegen werden.

Deutlich sichtbar sind sie auch vom leider in die Jahre gekommenen Aussichtspunkt am Parkplatz beim Leuchtturm, 1,5 Kilometer nördlich von der Treppe. Genau genommen sind es zwei Leuchttürme: einer weiter im Landesinneren von 1889, der bestiegen werden kann, und die Ruine eines alten Leuchtturms, die bereits gefährlich nah am Abgrund steht. Auf Befehl des Zaren Peter I. wurde 1724 ein erster Turm am Kliff gebaut. 1760 wurde ein neuer, fast 50 Meter hoher Turm errichtet, der aber bis aufs Erdgeschoss abgerissen wurde, nachdem ein Stück der Küste abgebrochen war. Nach Stürmen passiert das hin und wieder, zuletzt sind 2003 und 2008 große Teile abgerutscht. Man sollte also nicht zu nah an die Abbruchkante gehen.

Warnung vor dem instabilen Kliff

INFO

Lage: im Nordwesten, rund 50 Kilometer westlich von Tallinn, 75 Kilometer nordöstlich von Haapsalu

- Leuchtturm (Pakri tuletorni): Majaka tee 45, Paldiski 76806
- Parkplatz an der Treppe: Trepi Tee, Paldiski 76806

Websites:

- Tourismusinformation: *visitharju.ee*
- Leuchtturm: *pakrituletorn.ee*
- Wanderroute: *matkarada.ee/et/rajad/paldiski-matkarada* (Estnisch, mit Karte)

Hinweise:

- Das Kliff gilt als instabil. Vor dem Betreten des Bereichs zwischen Straße und Abgrund am Leuchtturm wird gewarnt.
- Boots-, Wander- und Fahrradtouren mit „Matk OÜ" (siehe Unterkünfte)

Unterkünfte:

- Camping- und Wanderzentrum Matk OÜ: neuere Anlage an der Spitze der Halbinsel mit Bungalows und Stellplätzen, Fahrradverleih und Spielplatz; Majaka tee 49, Paldiski 76806, *matka.ee*
- Gästezimmer und Café Pakri Parun (Baron von Pakri): am Leuchtturm, Majaka tee 43, Paldiski 76806, *pakri.eu*
- RMK-Zeltplatz Leetse: an der Nordostküste, Leetse tee, Paldiski 76806, *rmk.ee/looduses-liikumine/kuhu-minna/leetse-telkimisala*

57. Insel Hiiumaa: Roadtrip zu den Leuchttürmen und Bunkern

Die zweitgrößte Insel Estlands hat nur so viele Einwohner wie eine Kleinstadt, aber mehr Platz als Rügen. Ein Ort zum Entspannen und Entdecken.

Betreten auf eigene Gefahr: Bunker und Tunnel an der Nordküste Hiiumas

Weite Felder, auf denen Findlinge liegen und alte Holzmühlen stehen, dunkle Wälder, mehr als 300 Kilometer Küste und interessante Bauwerke: Auf Hiiumaa gibt es viel zu erkunden. Gleichzeitig geht es etwas ruhiger zu als auf der Nachbarinsel Saaremaa. Als sie noch zu Schweden gehörte, hieß sie Dagö – Taginsel. Aber man kann locker mehr als einen Tag auf Hiiumaa verbringen. Etwa 110 Kilometer ist allein die Ringstraße lang. Wer es in Haapsalu nicht getan hat, kann sich in Kärdla, der Hauptstadt, mit Vorräten eindecken, bevor es auf Erkundungstour geht.

Posten an der Straße zum Leuchtturm

Ein Highlight für alle mit Abenteuerlust oder Geschichtsinteresse ist die Nordküste der Halbinsel Tahkuna. Mehr oder weniger versteckt im Kiefernwald liegen zahllose militärische Anlagen – darunter Bunker samt Schlafsälen. Eine Taschenlampe und Vorsicht sind beim Betreten gute Begleiter. Die Anlagen stammen überwiegend aus dem Zweiten Weltkrieg, als der russische Grenzschutz ab 1939 Artillerie-Stellungen an der Küste errichtete. Damals wurde die Schmalspurbahn wiederbelebt, die schon im Ersten Weltkrieg Lehtma und Tahkuna verband. Die Schlacht um Hiiumaa zwischen dem Deutschen Reich und der Roten Armee folgte 1941 und forderte hunderte Opfer. Ihnen wird mit einem Denkmal an der Straße, etwa 600 Meter vor dem Leuchtturm an der Spitze Tahkunas, gedacht.

Seit das sowjetische Militär Hiiumaa 1993 verlassen hat, sind die verfallenen Anlagen zugänglich. Viele sind entlang der Forststraße zwischen Lehtma und Tahkuna zu entdecken. Mehr Ausrüstung, darunter Fahrzeuge und Waffen, gibt es im kleinen Militärmuseum zu sehen, das in einer ehemaligen Grenzschutzstation eingerichtet wurde. Es ist an der Straße zum Leuchtturm mit „Militaarmuuseum“ ausgeschildert.

Wo seit 80 Jahren keiner mehr schläft.

Der Leuchtturm auf Tahkuna ist älter als die militärischen Anlagen: Er wurde 1871 vom Zarenreich auf der Weltausstellung in Paris gekauft und 1873 aus gusseisernen Bauteilen aufgebaut. Der Aufstieg lohnt sich nicht nur für die Aussicht, sondern auch für die Skulpturen im Treppenhaus. An der Küste hinter dem Turm hängt eine Glocke, die an die Toten des Estonia-Fährunglücks erinnern soll. Bei Sturm fängt sie an zu läuten.

Auf dem höchsten Hügel Hiiumaas, im Nordwesten, steht ein Leuchtturm, der an eine Trutzburg erinnert. Der „Kõpu tuletorn" wurde vor rund 500 Jahren erbaut, weil die Hanse darum gebeten hatte, um vor einer Untiefe zu warnen. Sein Leuchtfeuer befindet sich mehr als 100 Meter über dem Meer und ist das höchste an der Ostsee. Das Treppenhaus hat es in sich: Schmal und steil geht es hinauf aut die Aussichtsterrasse. Der Ausblick über Wald und Meer ist die Belohnung. Am Fuß des Turms gibt es ein Café.

Ungewöhnlich massiv gebaut, steht der Leuchtturm von Kopu seit 500 Jahren auf der Insel.

Schließlich sollen die Strände auf Hiiumaa nicht unerwähnt sein: Zu den beliebtesten gehören Kärdla, Tõrvanina, Mangu, Luidja und Kaleste. Kein Sandstrand, aber ein ungewöhnlicher Küstenabschnitt ist die Landzunge Sääretirp bei Orjaku, wo eine schmaler werdende Sandbank ins Wasser ragt.

Der Leuchtturm auf Tahkuna

INFO

Lage: im Nordwesten, 32 Kilometer westlich von Haapsalu; Straße von Lehtma nach Tahkuna (nicht asphaltiert, GPS: 59.071903, 22.687314), Tahkuna-Leuchtturm (GPS: 59.090462, 22.586676), Kõpu-Leuchtturm in Mägipe (GPS: 58.915862, 22.200860)

Websites:

- Fähre vom Festland: *praamid.ee*
- Fähre nach Saaremaa: *veeteed.com*
- Touristeninformation: *hiiumaa.ee/de*
- Militärmuseum: *militaarmuuseum.ee*

Hinweise:

- Die Fähre geht von Rohuküla (bei Haapsalu) nach Heltermaa und von Sõru im Süden nach Triigi (Saaremaa).
- Betreten des ehemaligen Militärgeländes und Baden auf eigene Gefahr! Touren über das Militärmuseum.

Unterkünfte:

- Ferienhof Randmäe Puhketalu: auf einer Wiese direkt am Meer, DZ, Stellplätze, Sauna und Bootstouren; Mangu 92220, *puhketalu.ee*
- Gästehaus Utoopia nr 9: in der historischen Destillerie des Herrenhauses Kõrgessaare, Doppel- und Familienzimmer, Glampingzelte; Sadama tee 2, 92201 Kõrgessaare, *viscosa.ee/en/nap*
- Kaleste-RMK-Zeltplatz: *rmk.ee/en/exploring-nature/where-to-go/kaleste-campsite*

58. Die Inseln Muhu und Saaremaa: Roadtrip zu den Highlights und zur Hauptstadt

Reetdachhäuser, Mühlen, Wacholderbüsche, ein Meteoritenkrater und ein Kurort mit einer Festung – das alles gibt es auf Saaremaa. Auf Muhu ist das historische Dorf Koguva einen Stopp wert.

Im Freiluftmuseum auf Muhu wurde die Zeit angehalten.

Vom Festland setzt man mit der Fähre nach Muhu über – eine kleine Insel, die über eine Brücke mit Saaremaa verbunden ist. Dort lohnt sich ein Spaziergang durchs Muhu-Museum: Ein Teil des Dorfes Koguva, in dem der Schriftsteller Juhan Smuul lebte, wurde in seinem ursprünglichen Zustand konserviert – samt jahrhundertealter Reethäuser, bemooster Steinmauern und originaler Einrichtung. Seit dem Tod Smuuls 1971 wurde seine Farm zu einem Museum umgewandelt. In weiteren Häusern sind Ausstellungen untergebracht, zum Beispiel zur Tracht der Bewohner.

Einmalig: ein begehbarer Meteoritenkrater

Auf Saaremaa sollte man auf jeden Fall am Kaali-Krater halten, der beim Einschlag eines Meteoriten vor rund 3500 bis 4000 Jahren entstanden ist. Das Loch ist rund 20 Meter tief und 110 Meter breit, am Boden steht Wasser. Obwohl es Legenden eines Steins aus dem Himmel gab, wurde der Einschlag erst 1937 nachgewiesen. Acht kleinere Krater liegen in der Umgebung. Man kann auf den Rand hinauf- und in den Krater hineingehen sowie das Museum für Meteoritik und Kalkstein im Kaali Hotel und Restaurant besuchen. Es zeigt Splitter des Meteoriten sowie während der Untersuchung gefundene Gegenstände und widmet sich auch dem Dolomitgestein, das für Saaremaa typisch ist.

Aus der Luft ist die Form des Kaali-Kraters deutlich zu erkennen.

Typische Windmühle auf Saaremaa

Typisch für die Inseln sind auch die Windmühlen: kantig, auf steinernen Füßen, mit Holzflügeln (die mit Stoff bespannt waren). Vier historische Exemplare und eine runde holländische Mühle stehen in Angla im Windmühlenpark, in dem man auch einen Blick hinein werfen kann. Eine wurde restauriert und mahlt wieder Mehl. Alte Landwirtschaftsmaschinen und Farmtiere gibt es auch zu sehen. Neben dem Park steht ein Zentrum für kulturelles Erbe, in dem man Handarbeiten ausprobieren und das typische Roggenbrot kosten kann.

Die einzige Stadt auf beiden Inseln ist Kuressaare (deutsch Arensburg), das im 13. Jahrhundert Zentrum des Bistums Saare-Lääne (Oesel-Wiek) war. Die gut erhaltene Bischofsburg wurde ab dem 14. Jahrhundert erbaut und stand später unter dänischer, schwedischer und russischer Herrschaft. Seit 1997 zeigt das Saaremaa-Museum darin Ausstellungen zu Natur und Geschichte. Umgeben ist die Burg von Festungsanlagen und einem Park, der zum Spazieren und Baden am Stadtstrand einlädt.

Im 19. Jahrhundert war Kuressaare im Zarenreich für seine See- und Schlammbäder bekannt. Während der Sowjetzeit ließ das Besucherinteresse stark nach, doch seit der Unabhängigkeit sind neue Spa-Hotels entstanden. 2019 kam ein „alternatives" Museum im ebenfalls neuen Kino dazu. „Thule Koda" fällt schon durch die Hand auf, die aus dem Haus kommt. Das Museum beschäftigt sich (nicht ganz ernst!) mit der

Am Museum „Thule Koda"

Frage, ob Saaremaa „Ultima Thule“ sein könnte, der Nordrand der Welt, den der griechische Entdecker Pytheas im 4. Jahrhundert v. Chr. beschrieb. Wie seine Reise ausgesehen haben könnte, zeigt ein schräger Kurzfilm. Witzig sind die mythischen Monster, die das Haus bevölkern und nicht schreckhaften Kindern Spaß machen.

Viele Sagengestalten wurden neu interpretiert.

INFO

Lage: im Westen; Muhu-Museum in Koguva (GPS: 58.595371, 23.083320), Krater in Kaali (GPS: 58.372316, 22.669860), Windmühlen in Angla (GPS: 58.525602, 22.700923), Thule Koda an der Uus 20, Kuressaare 93814 (GPS: 58.252033, 22.487352)

Websites:

- Fähre: *praamid.ee*
- Touristeninformation: *visitsaaremaa.ee/en*
- Burgmuseum: *saaremaamuuseum.ee/en*
- Thule Koda: *thulekoda.ee*
- Muhu-Museum: *muhumuuseum.ee*
- Angla: *angla.saaremaa-top.ee/angla/en*

Hinweise: Fähre von Virtsu nach Kuivastu sowie von Triigi nach Sõru (Hiiumaa)

Unterkünfte:

- Ferienzentrum Tehumardi: im Süden, großes Gelände mit zwei Teichen, 200 Meter bis zum Meer, Bungalows und Doppelzimmer, Stellplätze; Tehumardi 93201, *tehumardi.ee/en/camping*
- Kaali Taverne & Hotel: einfaches Hotel in Laufnähe des Kraters, Doppel- und Familienzimmer, mit Taverne gegenüber und kleinem Meteoritenmuseum; Kaali, Pihtla 94143, *kaali.saaremaa-top.ee/kaali/en*

59. Der Vilsandi-Nationalpark: Wandern zum schiefen Turm Saaremaas

Huckelpisten, Wälder und Strandzeltplätze gibt es in diesem Teil der Insel. Ein Stück der Küste und rund 100 Inseln gehören zum Vilsandi-Nationalpark, in dem man zu einem schiefen Leuchtturm wandern kann.

Einsame, einfache Zeltplätze direkt am Wasser findet man im Norden Saaremaas.

Die Ostsee plätschert sanft ans Ufer, das Feuer knistert im Grillofen und ab und zu röhrt ein Hirsch. So geht es – vor allem außerhalb der Sommerferien – an der Nordküste Saaremaas zu. Eine Oase der Beschaulichkeit mit vielen Orten, um die Natur zu genießen und eine Nacht unter den Sternen zu verbringen. Rund um Tagalaht (die Bucht von Taga) und im Vilsandi-Nationalpark, der sich östlich daran anschließt, gibt es RMK-Zeltplätze, um genau das zu tun. Oft liegen sie an kilometerlangen Schotterpisten, was zur Abgeschiedenheit beiträgt.

Auf dem Gebiet des Vilsandi-Nationalparks, der vor allem die nordwestliche Küste, die Insel Vilsandi sowie viele kleinere Inseln umspannt, gibt es das älteste Schutzgebiet im Baltikum. 1910 wurden die Vaika-Inseln zur Naturschutzzone erklärt. Der Nationalpark wurde 1993 gegründet, um brütende, durchziehende und überwinternde Vögel sowie die Küstenlandschaft zu schützen. Außerdem leben dort Elche, Rehe und Kegelrobben. Die Verwaltung empfiehlt im Besucherzentrum vorbeizuschauen, bevor man sich auf eine Wanderung begibt. Es befindet sich im ehemaligen Stall des Herrenhauses Loona. Dort bekommt man auch Karten und Infos zu den Bootsfahrten auf die Insel Vilsandi.

Am Rand des Nationalparks: das Mihkli-Bauernhofmuseum

Da es wortwörtlich um die Ecke liegt, kann man den Ausflug mit einem Besuch des Mihkli-Bauernhofmuseums verbinden. Das Besondere an dem Gelände mit Garten, Brunnen und mehreren Gebäuden ist, dass es sich um einen originalen Hof handelt. Er wurde von sechs Generationen einer Familie bewohnt, bis sein letzter Besitzer ihn 1959 zum Museum machte. Neben dem Wohnhaus sind Werkstätten, Lager und ein Saunabad zu besichtigen. Durch die authentische Einrichtung gewinnt man einen Eindruck, wie Farmleben auf Saaremaa ausgesehen hat.

So wohnten die Bauern auf Saaremaa.

Der schiefe Turm von Saaremaa ist nur zu Fuß zu erreichen.

Eine abwechslungsreiche Wanderung im Nationalpark führt zum schiefen Turm von Saaremaa: Der Leuchtturm Kiipsaare wurde 1933 auf dem Festland erbaut und steht nun mitten im Meer, weil sich die Küstenlinie verändert hat. Durch die Wellen verlor er den festen Untergrund und stand bis 2008 extrem schief. Seither hat er sich wieder aufgerichtet, gerade ist er aber nicht.

Über offenes Gelände führt der Rundweg.

Der Rundweg führt um die Halbinsel Harilaid, die vor einigen Jahrhunderten noch eine Insel war. Unter den ausgeschilderten Varianten sollte man die neun oder elf Kilometer lange nehmen, um den Leuchtturm zu sehen. Man läuft durch Kiefernwald, an der Bucht Laialepa (mit

Zeltplatz) vorbei, über Küstenwiesen und Strände. Außer den Turm gibt es noch Überreste von Gebäuden und Booten zu sehen. Im Westen kann man mit etwas Glück Robben erspähen und in der Bucht Vögel beobachten. Ein Teil des Waldes auf der Halbinsel ist inzwischen neuen Freiflächen gewichen, die Habitate für Kreuzkröten und andere Tiere werden sollen.

Die Natur erobert alles zurück.

INFO

Lage: im Nordwesten von Saaremaa, Besucherzentrum in Loona (GPS: 58.332999, 22.019974), Bauernhofmuseum in Viki (GPS: 58.349886, 22.081652), Wanderparkplatz zum Leuchtturm in Kõruse-Metsaküla (GPS: 58.473659, 21.902386)

Websites:

- Nationalpark und Bootstouren nach Vilsandi: *kaitsealad.ee/en/protected-areas/vilsandi-national-park*
- Wanderweg zum Leuchtturm (mit Karte): *rmk.ee/en/exploring-nature/where-to-go/harilaiu-study-trail-6-km-or-11-km*
- Aktivitäten und Unterkünfte: *visitestonia.com/de/reiseziele/der-nationalpark-vilsandi*
- Bauernhofmuseum: *mihkli.samu.ee/en*

Hinweis:

- Der Leuchtturm Kiipsaare steht nicht auf festem Grund. Das Besteigen ist gefährlich und nicht zu empfehlen!
- Das Besucherzentrum ist mit dem Rollstuhl zugänglich.

Unterkünfte:

- Kuuli Puhkemajad: an der Bucht von Küdema im Wald, Bungalows, Zeltplätze, zwei Stellplätze, Outdoor-Küche und Spielplatz: in Ninase küla 93613, *kuulitalu.weebly.com*

60. Matsalu-Nationalpark: im Feuchtgebiet den Vögeln lauschen

Das Naturschutzgebiet im Westen des Landes ist bekannt für seine endlosen Wiesen und Feuchtgebiete und ein Traum nicht nur für Vogelkundler.

Weites, flaches Land, Küstenwiesen und Flussauen und in der Mitte eine geschützte Bucht: Das ist die Landschaft im Matsalu-Nationalpark. Bereits 1976 wurde das Gebiet zu einem Feuchtgebiet von internationaler Bedeutung erklärt. 2004 folgte die Einrichtung des Nationalparks, um Landschaft, Kultur und vor allem die Vögel zu schützen. Arten wie der Kampfläufer sind auf die Feuchtwiesen zum Brüten angewiesen, Rohrdommeln fühlen sich im Schilf wohl und Wasservögel nutzen die Wiesen und Auen als Zwischenstopp auf ihrer Reise. Der Matsalu-Nationalpark liegt, ähnlich wie Žuvintas (Tipp 20) und Ventės ragas (Tipp 16), auf der Route von rund zwei Millionen Zugvögeln und bietet Beobachtern damit im Frühjahr und Herbst ein ordentliches Spektakel.

Schnatternde Gänse sammeln sich auf den Wiesen am Wasser.

Besucher können entlang der Bucht verschiedene Aussichtstürme nutzen oder auf Pfaden in die Ebenen hineinwandern. Als Turm mit den besten Beobachtungschancen gilt der Aussichtsturm in Haeska. Er liegt auf einem privaten Gehöft an der Nordküste der Bucht. Die flachen Wiesen, die vorgelagerte Insel und das ruhige Meer sind zur Vogelflugzeit nur eine Nebenattraktion. 128 verschiedene Vogelarten haben finnische Experten von diesem Turm aus beobachtet – an einem einzigen Tag. Ein europäischer Rekord! Die Wiesen links und rechts der Zufahrtsstraße werden beweidet, um die offene Landschaft zu erhalten. Dort kann man schottische Rinder oder auch estnische Schafe und Milchkühe beobachten.

Helfer beim Landschaftsmanagement

Das Besucherzentrum des Nationalparks liegt auf der anderen Seite der Bucht, 40 Kilometer südlich im Herrenhaus von Penijõe. Das stattliche Gebäude aus dem 18. Jahrhundert wurde im Jahr 2000 restauriert. Ungewöhnlich für sein klassizistisches Äußeres ist die Holztäfelung im zweiten Stock. Auf dieser Etage befindet sich die Dauerausstellung, die sich mit der Küstenlandschaft, Flora und Fauna des Parks beschäftigt. Ausgestopfte Tiere und ihre Habitate sind zu sehen, viele Texte sind jedoch in Estnisch. Das Museum zeigt außerdem eine 20-minütige Multimediashow mit dem Titel „Ein Jahr in Matsalu. Von Eis zu Eis" über die Bewohner der Region. Auf dem Gelände des Herrenhauses kann man picknicken und zelten (siehe Info).

Schottische Rinder halten die Wiesen für Vögel frei.

Blick in die flache Landschaft vom Turm in Haeska

Außerdem gibt es auch hier einen Beobachtungsturm. Er ist acht Meter hoch und steht am Rand des Schilfgebiets. Zur Brutzeit im Frühjahr soll es nachts besonders interessant sein, den Dommeln und Rohrschwirlen zu lauschen. Im Sommer sind die meisten Vögel im hohen Schilf nicht auszumachen, dafür kann man mit etwas Glück Rohrweihen (eine Habichtart) oder Seeadler kreisen sehen. Zum Turm führt ein Wanderweg vom Picknickplatz am Fluss Penijõgi entlang. Er kann schlammig werden, da nur ein Teil mit Holzplanken versehen ist. Nach 1,6 Kilometern erreicht man den Aussichtsturm. Die Wanderung kann in verschiedenen Varianten auf bis zu sieben Kilometer ausgedehnt werden. Unterwegs gibt es noch eine niedrigere Aussichtsplattform und mehrere Picknickplätze.

INFO

Lage: an der Westküste, 23 Kilometer südlich von Haapsalu, Aussichtsturm Haeska bei Tuuliku talu, Haeska küla (GPS: 58.779503, 23.659311), Besucherzentrum im Penijõe Herrenhaus (GPS: 58.714867, 23.815882)

Websites:

- Nationalpark: *kaitsealad.ee/en/protected-areas/matsalu-national-park*
- Tourismusinformation: *visitmatsalu.ee/en*
- Touren und Unterkünfte: *visitestonia.com/de/reiseziele/nationalpark-matsalu*

Aktivitäten:

- Das Besucherzentrum ist für Rollstuhlfahrer ausgestattet
- Auf den Wanderweg zum Penijõe-Aussichtsturm dürfen keine Hunde mitgenommen werden.

Unterkünfte:

- Ferienhaus Tuulingu: am Aussichtsturm in Haeska, Platz für bis zu acht Personen in 100 Jahre altem Haus mit Küche und Sauna; Haeska 90407, *tuulingu.ee*
- RMK-Zeltplatz Penijõe: beim Besucherzentrum, Picknicktische, Grillplatz und Trockentoilette, Platz für sechs Zelte; Penijõe 90305, GPS: 58.714429, 23.812571, *rmk.ee/en/exploring-nature/where-to-go/penijoe-campfire-site*

Hinweise:

- Spendenbox am Turm von Haeska (Privatbesitz)
- Kanutouren auf dem Kasari-Fluss: *seikluspartner.ee*
- Bootstouren in der Bucht von Matsalu: *puisenina.ee/en*

Register

Jan de Jonge
ISBN 978-3-96855-569-0
Preis 16,95 €

In der Reihe sind u. a. bisher erschienen:

Nicole Quint
ISBN 978-3-96855-556-0
Preis 16,95 €

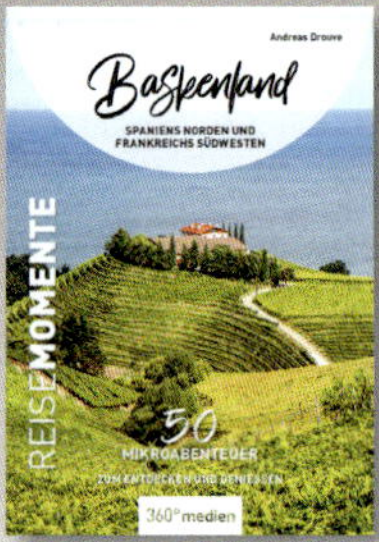

Andreas Drouve
ISBN 978-3-96855-564-5
Preis 16,95 €

Bernadette Olderdissen
ISBN 978-3-96855-202-6
Preis 16,95 €

Bernadette Olderdissen
ISBN 978-3-96855-321-4
Preis 16,95

Wichtige Hinweise zur Sicherheit

Wir möchten Sie darauf aufmerksam machen, dass bei der Nutzung dieses Reiseführers bestimmte Risiken bestehen können, die im Zusammenhang mit den beschriebenen Aktivitäten und Attraktionen stehen. Bitte beachten Sie daher die folgenden Hinweise:

- **Umgang mit diesem Buch:** Beim Blättern können scharfkantige Papierbögen kleine Schnittverletzungen verursachen. Seien Sie vorsichtig.
- **Outdoor-Aktivitäten:** Wanderungen und Radtouren bergen Sturz- und Unfallgefahren. Prüfen Sie vor Ihrem Aufbruch den aktuellen Wetterbericht, da Wege bei Nässe schnell rutschig werden können.
- **Attraktionen und Sehenswürdigkeiten:** Befolgen Sie stets die Sicherheits- und Warnhinweise sowie Anweisungen der Betreiber vor Ort, um Gefahren zu vermeiden.
- **Aktualität der Informationen:** Die Angaben in diesem Buch wurden sorgfältig zusammengestellt, können jedoch Änderungen unterliegen. Überprüfen Sie Öffnungszeiten, Routenbeschreibungen und andere relevante Informationen vorab.
- **Unzureichende Vorbereitung:** Die Beschreibungen im Reiseführer dienen als Grundlage, ersetzen aber nicht eine gründliche Vorbereitung. Informieren Sie sich zusätzlich zu Schwierigkeitsgraden, Routen und notwendiger Ausrüstung.
- **Umwelt- und Tierschutz:** Nehmen Sie Rücksicht auf die Natur und vermeiden Sie Verhaltensweisen, die Flora und Fauna schädigen könnten. Begegnungen mit Wildtieren können potenziell gefährlich sein.
- **Überfüllung und Infrastruktur:** Beliebte Attraktionen können stark frequentiert sein, was Gedränge und Einschränkungen bei Sicherheitsmaßnahmen mit sich bringen kann. Planen Sie entsprechend.
- **Eigenverantwortung bei Empfehlungen:** Die im Buch enthaltenen Tipps und Empfehlungen garantieren keine absolute Sicherheit oder Eignung. Prüfen Sie vor Ort die Bedingungen und entscheiden Sie nach eigener Einschätzung.

Sollten Sie darüber hinaus potenzielle Gefahren feststellen, Beschwerden zur Produktsicherheit haben oder sollte es zu Unfällen oder Verletzungen in Zusammenhang mit unseren Produkten kommen, nehmen Sie bitte Kontakt mit uns auf.

Ansprechperson: Andreas Walter, Tel.: +49 (0)2104 5063-104
E-Mail: produktsicherheit@360grad-medien.de

Bildnachweis:

Alle Bilder von Christoph Schaarschmidt und Laura Kaiser, außer Adam Jones from Kelowna, BC, Canada, CC BY-SA 2.0 S. 99 | Chmee2, CC BY-SA 3.0 S. 196 |Rēzeknes novada TIC (Tourism Information Center) S. 132 | Sanja565658, CC BY-SA 3.0 S. 136u | ScAvenger (Janis Vilnins), CC BY-SA 4.0 S. 178 | Vaido Otsar CC BY-SA 4.0 S. 17 | Zairon, CC BY-SA 4.0 S. 179u